Huber
Der große Ratgeber Erbrecht

WRS-Ratgeber

Der große Ratgeber Erbrecht

Richtig Erben und Vererben von A–Z

von
Rechtsanwalt Dr. Günter Huber
Freiburg

Die Deutsche Bibliothek – CIP-Einheitsaufnahme

Huber, Günter:
Der große Ratgeber Erbrecht : Richtig Erben und Vererben von A–Z / von Günter Huber. – Planegg : WRS-Verl. Wirtschaft, Recht und Steuern, 1998
  (WRS-Ratgeber)
  ISBN 3-8092-1354-3

ISBN 3-8092-1354-3   Bestell-Nr. 04652

Dieser Band ist bisher in Teilen unter dem Titel
„Richtig Erben und Vererben von A–Z" erschienen.

© 1998, WRS Verlag Wirtschaft, Recht und Steuern GmbH & Co., Fachverlag
Postanschrift: Postfach 13 63, 82142 Planegg
Hausanschrift: Fraunhoferstraße 5, 82152 Planegg
Telefon (0 89) 8 95 17-0, Telefax (0 89) 8 95 17-2 50
Lektorat: Assessorin Ingrid Petersen

Alle Rechte, auch die des auszugsweisen Nachdrucks, der fotomechanischen Wiedergabe (einschließlich Mikrokopie) sowie der Auswertung durch Datenbanken oder ähnliche Einrichtungen, vorbehalten.

Umschlaggestaltung: Agentur Buttgereit & Heidenreich, 45721 Haltern am See
DTP: Satz+Layout Fruth GmbH, 81671 München
Druck: Schoder Druck GmbH, 86167 Augsburg

Inhaltsverzeichnis

Einleitung	7
Richtig Erben	8
Einführung	8
Muster	11
– Erbscheinantrag	11
– Antrag auf Nachlaßverwaltung	13
– Antrag auf Vermittlung der Erbauseinandersetzung	14
– Geltendmachung von Pflichtteilsansprüchen	15
– Erbschaftsinventarverzeichnis	16
Richtig Vererben	17
Einführung	17
Testament oder Erbvertrag	19
So errichte ich ein Testament	22
So gestalte ich meine Erbfolge	28
– Wann Sie Ihre Erbfolge selbst regeln müssen	28
– Gesetzliche Erbfolge	28
– Individuelle Erbfolgegestaltung	33
– Testamentarische Anordnungen	33
– Testierfreiheit und ihre Grenzen	40
– Praktische Hinweise zur Gestaltung Ihrer Erbfolge	45
Testamentsmuster	52
– Testamente für Alleinstehende	52
– Testamente für Eheleute ohne Kinder	53
– Testamente für Eheleute mit Kindern	56
– Testamente für nichteheliche Lebenspartner	61
– Testamente für Unternehmer und Freiberufler	64
Erbvertragsmuster	66
Das neue Erbschaftsteuerrecht	74
Erbrechtslexikon	81

Wegweiser zur schnellen Orientierung

Abkömmling	81	Anwachsung	88
Ablieferung des Testaments	81	Aufgebotsverfahren	89
Adoption	82	Auflage	90
Alleinerbe	82	Auseinandersetzung	91
Amtliche Verwahrung	82	Ausgleichung	93
Anfechtung	84	Auskunftsanspruch	94
Annahme der Erbschaft	86	Auslegung	95
Anordnung	87	Ausstattung	96
Anrechnung	87	Aussteuer	97

Inhaltsverzeichnis

Bankkonto	97
Bankvollmacht	98
Bedingung	98
Beerdigung	99
Berliner Testament	100
DDR, ehemalige	101
Dreimonatseinrede	103
Dreißigster	103
Dürftigkeitseinrede	104
Ehegattenerbrecht	105
Ehegattenfreibetrag bei Zugewinngemeinschaft	107
Ehevertrag	108
Eigenhändiges Testament	109
Enterbung	110
Erbe	112
Erbeinsetzung	113
Erbengemeinschaft	113
Erbenhaftung	115
Erbfall	116
Erblasser	116
Erbschaft	116
Erbschaftsanspruch	116
Erbschaftsbesitzer	116
Erbschein	117
Erbunwürdigkeit	118
Erbvertrag	119
Erbverzicht	120
Ersatzerbe	121
Erschöpfungseinrede	122
Geliebtentestament	122
Gemeinschaftliches Testament	123
Gesamtsrechtsnachfolge	125
Gesetzliche Erbfolge	126
Gewillkürte Erbfolge	129
Güterstand	129
Haftung des Erben	130
Inventar	134
Lebensversicherung	135
Letztwillige Verfügung	135
Miterbe	136
Nacherbe	136

Nachlaß	136
Nachlaßgericht	137
Nachlaßgläubiger	137
Nachlaßkonkurs	138
Nachlaßpflegschaft	138
Nachlaßverbindlichkeiten	139
Nachlaßvergleich	139
Nachlaßverwaltung	140
Nichteheliche Lebensgemeinschaft	141
Nichteheliches Kind	141
Notarielles Testament	143
Nottestamente	144
Patiententestament	146
Pflichtteil	146
Pflichtteilsbeschränkung	148
Pflichtteilsentziehung	149
Pflichtteilsergänzungsanspruch	150
Pflichtteilsklausel	151
Pflichtteilsrestanspruch	152
Pflichtteilsverzicht	152
Scheidung	153
Schlußerbe	154
Sittenwidrigkeit	154
Teilungsanordnung	155
Teilungsverbot	155
Testament	156
Testamentseröffnung	156
Testamentsgestaltung	158
Testamentsvollstrecker	161
Testierfähigkeit	161
Testierfreiheit	162
Unterhalt	162
Verfügung von Todes wegen	163
Vermächtnis	163
Vermächtnisnehmer	164
Verwandte	164
Verwirkungsklauseln	165
Voraus	165
Vorausvermächtnis	166
Vor- und Nacherbschaft	166
Vorweggenommene Erbfolge	167
Widerruf	167
Wiederverheiratungsklausel	168

Gesamtstichwortverzeichnis ... 169

Einleitung

Jeder Mensch erbt oder vererbt etwas, jeder ist deshalb potentieller Erbe und künftiger Erblasser. Nicht alles, was vererbt wird, gerät jedoch in die „richtigen Hände". Dies liegt daran, daß die wenigsten das Nötige über das Erbrecht wissen, und mancher versäumt, rechtzeitig seinen Nachlaß zu regeln oder unklare oder falsche Verfügungen trifft.

Der vorliegende Band erläutert das Erbrecht für denjenigen, der ein Testament errichten oder einen Erbvertrag abschließen will und auch für den, auf den als Erbe eine Erbschaft zukommt. Der Band will dem Leser in kurzer, leicht verständlicher Form und anhand vieler Beispiele, Muster und Checklisten die notwendigen Kenntnisse zur Errichtung und Gestaltung von Testamenten und Erbverträgen sowie zur Annahme und Sicherung der Erbschaft und zur Aufteilung des Nachlasses unter den Miterben vermitteln. Außerdem wird das Pflichtteilsrecht erläutert und es werden die erforderlichen Hinweise zum Erbschaftsteuerrecht gegeben.

Der Leser findet Hinweise zum richtigen Erben und Vererben mit zahlreichen Mustern für typische Fallkonstellationen. Im Lexikonteil werden die im Erbrecht maßgeblichen Kenntnisse unter den einzelnen Stichworten vermittelt. Im Anhang finden sich die maßgeblichen gesetzlichen Vorschriften des Erbschaft- und Schenkungsteuergesetzes.

Richtig Erben

Einführung

Jeder Verstorbene wird durch eine oder mehrere Personen gemeinsam beerbt. Sein Vermögen geht dabei ebenso wie seine Verbindlichkeiten **im ganzen auf den** → *Erben* **oder die** → *Erbengemeinschaft* **über**. Mit dem Tod des Erblassers werden an Stelle des Verstorbenen dessen Erben Inhaber seiner Forderungen, Eigentümer seiner Gegenstände und Schuldner seiner Verbindlichkeiten.

Bei mehreren Erben gehen das Vermögen und die Verbindlichkeiten auf die Erben **zur gesamten Hand** über. Die Erben bilden untereinander eine Erbengemeinschaft, die die Erbschaft gemeinschaftlich bis zur Auseinandersetzung verwaltet und gemeinsam für die Nachlaßschulden aufkommen muß. Über Nachlaßgegenstände können die Erben nur gemeinschaftlich verfügen. Gehört ein Anspruch zum Nachlaß, kann der Schuldner nur an alle Erben gemeinschaftlich mit befreiender Wirkung leisten, und jeder Miterbe kann die Leistung nur an alle Erben fordern. Jeder Miterbe ist den anderen gegenüber verpflichtet, bei Maßnahmen mitzuwirken, die zur ordnungsgemäßen Verwaltung des Nachlasses erforderlich sind. Die zur Erhaltung notwendigen Maßnahmen kann jeder Miterbe alleine treffen.

Wer Erbe wird, bestimmt sich nach der **gesetzlichen Erbfolgeregelung** (→ *Gesetzliche Erbfolge*), wenn die Erbfolge nicht durch ein wirksames → *Testament* oder einen → *Erbvertrag* anderweitig geregelt wurde. Als gesetzliche Erben kommen die Verwandten und der Ehegatte des Erblassers in Betracht. Ist zur Zeit des Erbfalls weder ein Verwandter noch ein Ehegatte des Erblassers vorhanden, ist der Staat zum gesetzlichen Erben berufen.

Erhält das → *Nachlaßgericht* Kenntnis vom Tode eines → *Erblassers* – dies kann von Amts wegen oder durch eine Privatperson erfolgen –, eröffnet es die in seiner Verwahrung (→ *Amtliche Verwahrung*) befindlichen Testamente ebenso wie diejenigen, die nach dem Tod des Erblassers abgeliefert werden. Hierzu ist jeder, der ein Testament in Besitz hat, unverzüglich verpflichtet, sobald er vom Tod des Erblassers Kenntnis erlangt hat. Die Beteiligten werden vom Nachlaßgericht über den sie betreffenden Inhalt des Testaments in Kenntnis gesetzt (→ *Testamentseröffnung*). Derjenige, der als Erbe in Betracht kommt oder dem Erbansprüche wie Vermächtnisse zustehen könnten, sollte deshalb beim Nachlaßgericht anfragen, ob es schon Kenntnis vom Tode des Erblassers hat und um Ladung zum Eröffnungstermin bitten.

> In der Regel nimmt der Erbe die Erbschaft an (→ *Annahme der Erbschaft*). Dies geschieht meist formlos dadurch, daß er Maßnahmen ergreift, aus denen sich eindeutig entnehmen läßt, daß er die Erbschaft antreten will. Juristisch nimmt er dabei die Erbschaft durch **schlüssiges Verhalten** an.

Soll eine Erbschaft ausgeschlagen werden (→ *Ausschlagung der Erbschaft*), insbesondere, wenn der Nachlaß verschuldet ist, muß dies innerhalb der gesetzlichen Ausschlagungsfrist von in der Regel 6 Wochen ab dem Zeitpunkt, in dem der Erbe von dem Erbfall Kenntnis erlangt, erfolgen. Falls Anhaltspunkte für eine Überschuldung vorliegen, sollte der Erbe deshalb unverzüglich prüfen, ob die Erbschaft ausgeschlagen werden soll.

Wird die Erbschaft angenommen, dann hat sich der Erbe im eigenen Interesse um die Sicherung und Verwaltung des Nachlasses zu kümmern. Wer Anlaß zur Befürchtung hat, daß die Nachlaßschulden den Nachlaßwert überschreiten, kann die **Anordnung der** → *Nachlaßverwaltung* beantragen. Die → *Haftung* des Erben für die → *Nachlaßverbindlichkeiten* beschränkt sich dann auf den Nachlaß, wobei der Erbe den → *Nachlaßgläubigern* für die bisherige Verwaltung des Nachlasses so verantwortlich ist, wie wenn er von der Annahme der Erbschaft an die Verwaltung für sie als Beauftragter zu führen gehabt hätte.

Wenn der Erbe unbekannt oder wenn ungewiß ist, ob er die Erbschaft annimmt, hat das Nachlaßgericht für die Sicherung des Nachlasses zu sorgen, wenn hierfür ein Bedürfnis besteht. Das Nachlaßgericht kann dann für denjenigen, welcher Erbe wird, einen **Nachlaßpfleger** (→ *Nachlaßpflegschaft*) bestellen und die Aufnahme eines **Nachlaßver-**

zeichnisses sowie die Hinterlegung von Geld, Wertpapieren und Kostbarkeiten anordnen.

Wurde die Erbschaft angenommen, dann hat der Erbe einen Herausgabeanspruch gegen die Besitzer der Erbschaftsgegenstände, und bei Grundbesitz kann er die Eintragung der neuen Eigentumsverhältnisse im Grundbuch verlangen. Als Nachweis der Erbenstellung dient der → *Erbschein*, der beim Nachlaßgericht beantragt werden kann.

Die in einem Testament oder Erbvertrag enthaltenen → *Vermächtnisse* und → *Auflagen* hat der Erbe zu erfüllen. Außerdem muß er für die **Pflichtteilsansprüche** (→ *Pflichtteil*) von Pflichtteilsberechtigten einstehen. Daneben muß er gegenüber dem Finanzamt für die Erbschaftssteuer (siehe Abschnitt „Das neue Erbschaftsteuerrecht") und – insbesondere bei Selbständigen – für noch nicht abgerechnete Einkommens-, Gewerbesteuer und Umsatzsteuer aufkommen.

Sind mehrere Erben gemeinschaftlich zur Erbschaft berufen, haben sie diese Aufgaben gemeinschaftlich durchzuführen und den Nachlaß zu verwalten und die Nachlaßverbindlichkeiten auszugleichen. Außerdem müssen sie die **Erbengemeinschaft** auseinandersetzen und die Erbschaft aufteilen.

Wurde ein → *Testamentsvollstrecker* eingesetzt, hat dieser die ihm zugewiesenen Aufgaben, z. B. Nachlaßverwaltung, Berichtigung der Nachlaßverbindlichkeiten, Aufteilung des Nachlasses auf die einzelnen Miterben, durchzuführen.

> **Pflichtteilsansprüche**
>
> **Tip** Wer im Testament übergangen wird, kann Pflichtteilsansprüche haben; in Ausnahmefällen kann ihm auch das Recht zustehen, das Testament anzufechten. Falls ein Testament angefochten werden sollte, muß der Erbe im **Anfechtungsverfahren** diejenigen Umstände mitteilen, die für die Gültigkeit des Testaments sprechen.

Im Lexikonteil sind die in diesem Abschnitt angesprochenen und für das Erben bedeutsamen Erläuterungen unter dem jeweiligen Stichwort allgemeinverständlich dargelegt. Muster zum richtigen Erben finden sich auf den folgenden Seiten.

Muster
Erbscheinantrag

Barbara Meier 44797 Bochum, den 1. 8. 1997
Gräfin-Imma-Str. 30

An das
Amtsgericht
– Nachlaßgericht –
Viktoriastr. 14

44787 Bochum

**Erbschaftsangelegenheit
nach dem Tode von Herrn Peter Meier,
verstorben am 2. 7. 1997**

Sehr geehrte Damen und Herren,

hiermit stelle ich den Antrag auf Erteilung eines gemeinschaftlichen Erbscheins über das Erbrecht am Nachlaß meines am 2. 7. 1997 verstorbenen Ehemannes Peter Meier.

Hierzu erkläre ich folgendes:

Am 2. 7. 1997 ist in Bochum, seinem letzten Wohnsitz, mein Ehemann Peter Meier, geb. am 16. 7. 1910, zuletzt wohnhaft gewesen in der Gräfin-Imma-Str. 30 in 44797 Bochum, verstorben. Er hat keine Verfügungen von Todes wegen hinterlassen. Wir lebten im gesetzlichen Güterstand der Gütergemeinschaft und haben zwei Kinder, unseren Sohn Klaus Meier, Bergiselstr. 1, 79111 Freiburg, und unsere Tochter Christa Boswinger, geb. Meier, Am Mergelsberg 33, 40629 Düsseldorf. Weitere Erben der ersten Ordnung sind nicht vorhanden.

Ein Rechtsstreit über das Erbrecht ist nicht anhängig.

Aufgrund der gesetzlichen Erbfolge sind meine Kinder Klaus Meier und Christa Boswinger jeweils zu $1/4$

und ich zu $1/2$ zur Erbschaft berufen.

Alle Erben haben die Erbschaft angenommen.

Es wird deshalb ein gemeinschaftlicher Erbschein beantragt mit folgendem Inhalt:

Der am 16. 7. 1910 geborene Peter Meier, verstorben am 2. 7. 1997 in Bochum, ist aufgrund gesetzlicher Erbfolge von

Barbara Meier, geb. Müller, Gräfin-Imma-Str. 30, 44797 Bochum zu 1/2

und Klaus Meier, Bergiselstr. 1, 79111 Freiburg zu 1/4

und Christa Boswinger, Am Mergelsberg 33, 40629 Düsseldorf zu 1/4

beeerbt worden.

Es wird gebeten, baldmöglichst über den Antrag zu entscheiden.

In Kenntnis der Bedeutung einer eidesstattlichen Versicherung, insbesondere darüber, daß ich mich bei Abgabe einer falschen Versicherung strafbar mache, versichere ich zur Vorlage beim Amtsgericht Bochum an Eides Statt, daß mir nichts bekannt ist, was der Richtigkeit der vorbezeichneten Angaben entgegensteht.

gez. Barbara Meier

Antrag auf Nachlaßverwaltung

Barbara Meier 44797 Bochum, den 1. 9. 1997
Gräfin-Imma-Str. 10

Amtsgericht
– Nachlaßgericht –
Viktoriastr. 14

44787 Bochum

**Erbschaftsangelegenheit nach dem Tode
von Herrn Peter Meier,
verstorben am 1. 7. 1997
Antrag auf Nachlaßverwaltung**

Sehr geehrte Damen und Herren,

hiermit beantrage ich die Nachlaßverwaltung über den Nachlaß des am 1. 7. 1997 verstorbenen Peter Meier.

Aufgrund des Testamentes vom 10. 6. 1990, das vom Amtsgericht Bochum – Nachlaßgericht – am 25. 7. 1997 – Az. 19 IV 325/97 – eröffnet wurde, bin ich Alleinerbin meines am 1. 7. 1997 verstorbenen Ehemannes Peter Meier.

Da mir die Höhe der Nachlaßverbindlichkeiten im einzelnen nicht bekannt ist und ich eine persönliche Haftung ausschließen will, beantrage ich hiermit die Anordnung der Nachlaßverwaltung über den Nachlaß von Peter Meier.

Mit freundlichen Grüßen

Antrag auf Vermittlung der Erbauseinandersetzung

Beate Müller 44797 Bochum, den 10. 7. 1998
Baden-Str. 30

Amtsgericht
– Nachlaßgericht –
Viktoriastr. 14, 44787 Bochum

**Erbschaftsangelegenheit nach dem Tode
von Herrn Hans Müller, verstorben am 10. 3. 1997
Antrag auf Nachlaßvermittlung**

Sehr geehrte Damen und Herren,

hiermit stelle ich den Antrag, die Auseinandersetzung des Nachlasses des am 10. 3. 1997 verstorbenen Hans Müller zu vermitteln.

Hierzu erkläre ich folgendes:

Am 10. 3. 1997 ist in Bochum, seinem letzten Wohnsitz, mein Ehemann Hans Müller verstorben. Er hat keine Verfügungen von Todes wegen hinterlassen. Wir lebten im gesetzlichen Güterstand der Gütergemeinschaft und haben zwei Kinder, unseren Sohn Klaus Müller, Bergstr. 1, 79111 Freiburg und unsere Tochter Christa Müller, Talstr. 3, 40629 Düsseldorf.

Aufgrund der gesetzlichen Erbfolge sind meine Kinder Klaus Müller und Christa Müller jeweils zu $1/4$ und ich zu $1/2$ Erbe geworden. Eine Kopie des Erbscheins, der vom Amtsgericht Bochum, Nachlaßgericht, erteilt wurde, ist beigefügt.

Der Nachlaß von Hans Müller besteht im wesentlichen aus einem hälftigen Miteigentumsanteil an einem Einfamilienhaus, in dem ich lebe, dem Hausrat, einem Pkw Ford Mondeo, Bankguthaben in Höhe von ca. DM 25.000,– und Grundschuldverbindlichkeiten in Höhe von ca. DM 150.000,–. Näheres ist dem beigefügten Nachlaßinventar zu entnehmen.

Ich haben in den vergangenen Monaten vergeblich versucht, mich mit meinen Kindern über die Aufteilung des Nachlasses zu einigen und bitte, die Auseinandersetzung des Nachlasses unter den einzelnen Miterben zu vermitteln.

Mit freundlichen Grüßen

Geltendmachung von Pflichtteilsansprüchen

Peter Müller 70173 Stuttgart, den 7.6.1997
Schillerstr. 12

Herrn
Wolfgang Müller
Jakobstr. 10
76185 Karlsruhe

Erbschaftsangelegenheit nach dem Tod unserer Mutter

Lieber Wolfgang,

ausweislich des vom Nachlaßgericht eröffneten Testaments vom 25.12.1996 und des auf Deinen Antrag erteilten Erbscheins bist Du Alleinerbe nach dem Tode unserer Mutter geworden. Wie ich Dir bereits mehrfach mitgeteilt habe, kann ich diese Benachteiligung meiner Person nicht akzeptieren. Du warst auch nicht bereit, diese einseitige Benachteiligung abzumildern und mir freiwillig einige Erbschaftsgegenstände zu überlassen.

Ich muß Dich deshalb darüber informieren, daß mir als gesetzlichem Erben, der von der Erbschaft ausgeschlossen wurde, Pflichtteilsansprüche in Höhe des Wertes der Hälfte des gesetzlichen Erbteils zustehen. Um die Höhe meiner Pflichtteilsansprüche ermitteln zu können, muß ich Dich auffordern, mir unverzüglich, spätestens binnen eines Monats Auskunft über den Bestand des Nachlasses durch Vorlage eines von einem Notar aufgenommenen Nachlaßverzeichnisses zu erteilen und den Wert der Nachlaßgegenstände zu ermitteln und mitzuteilen.

Nach Erhalt und Prüfung des Nachlaßverzeichnisses und der angegebenen Nachlaßwerte werde ich Dir die Höhe meines Pflichtteilsanspruchs mitteilen.

Mit freundlichen Grüßen

Erbschaftsinventarverzeichnis

Nachlaßverzeichnis

I. Nachlaßvermögen

1.1. *Bargeld*

1.2. *Kontenguthaben bei Banken, Sparkassen, Postbanken und Bausparkassen*

1.3. *Wertpapiere mit Kurswert am Todestag*

1.4 *Sonstige Forderungen wie Darlehen, Rückzahlungs- und Schadensersatzansprüche, Steuerrückerstattungsansprüche*

1.5. *Hausrat*

1.6. *Kraftfahrzeuge*

1.7. *Kleidung*

1.8. *Schmuck*

1.9. *Kunstgegenstände*

1.10. *Grundbesitz (Grundstücke, Wohnungseigentum, Erbbaurechte, Nießbrauchsrechte)*

1.11. *Sonstige Vermögenswerte*

II. Nachlaßverbindlichkeiten

1.1. *Schulden des Erblassers bis zum Todestag, insbesondere Darlehensverbindlichkeiten, Bankverbindlichkeiten, Steuerschulden*

2.2. *Erbfallschulden Beerdigungs- und Grabsteinkosten abzüglich Sterbegeld*

2.3. *Vermächtnisse und Auflagen*

2.4. *Pflichtteilsrechte, soweit sie geltend gemacht werden*

Richtig Vererben

Einführung

Wenn die vom Gesetz vorgesehene Erbfolgeregelung den persönlichen Interessen und Wünschen entspricht, braucht weder ein Testament errichtet noch ein Erbvertrag abgeschlossen zu werden.

Im Regelfall entspricht die gesetzliche Erbfolgeregelung jedoch nicht den persönlichen Interessen und Wünschen. Ob dies ausnahmsweise der Fall ist, bedarf einer sorgfältigen Überprüfung. Dabei sollte in einem **ersten Schritt** geklärt werden, welche persönlichen Ziele die Erbfolgeregelung verwirklichen soll. Diese Ziele hängen von der Persönlichkeit und der familiären Situation ab. Häufig stehen **folgende Ziele** im Vordergrund:

- Finanzielle Absicherung des Ehegatten,
- Vermögensübertragung an Kinder oder sonstige Verwandte,
- Zuwendungen an nahestehende Personen oder Vereinigungen,
- Ausschließung oder Beschränkung von Erb- oder Pflichtteilsansprüchen einzelner Verwandter,
- Sicherung der Existenzgrundlage des eigenen Unternehmens,
- Sicherung des Familienbesitzes,
- Reduzierung der erbschaftsteuerlichen Belastungen.

Zwischen diesen Zielen bestehen Konflikte. So kann beispielsweise die finanzielle Absicherung des Ehegatten der Vermögensübertragung an Kinder entgegenstehen, erbschaftssteuerlich vorteilhafte Regelungen können die finanzielle Absicherung des Ehegatten erschweren. Bei der Klärung der Ziele der Erbfolgeregelung sollte deshalb gleichzeitig eine Bewertung der einzelnen Ziele vorgenommen werden, um eine Zielpriorität festzustellen. Damit wird verhindert, daß weniger wichtige Ziele zu Lasten von Hauptzielen verwirklicht werden.

In einem **zweiten Schritt** ist der voraussichtliche Nachlaß in die Überlegungen einzubeziehen. Bei komplizierten Eigentums- und Vermögensverhältnissen ist die Erstellung eines ungefähren **Bestandsverzeichnisses** hilfreich.

In einem **dritten Schritt** ist zu überlegen, welchen Personen welche Vermögenswerte, Rechte und Erbschaftsgegenstände zugewandt werden sollen, um die zuvor geklärten Ziele zu erreichen. Dabei sind die Bedürfnisse, Interessen und Fähigkeiten der zu Bedenkenden zu berücksichtigen sowie, insbesondere bei größeren Vermögenswerten, die erbschaftsteuerlichen Belastungen.

Anschließend ist zu prüfen, wie sich die gesetzliche Erbfolgeregelung (→ *gesetzliche Erbfolge*) auswirkt, um festzustellen, welche Abweichungen davon zur Verwirklichung der eigenen persönlichen Ziele erforderlich sind. Danach ist abzuklären, mit welchen → *Anordnungen* in → *Testamenten* oder → *Erbverträgen* die gewünschten Vermögensübertragungen verfügt werden können, wobei das Pflichtteilsrecht (→ *Pflichtteil*) sowie das Erbschafts- und Einkommensteuerrecht (siehe Abschnitt „Das neue Erbschaftsteuerrecht") zu berücksichtigen sind.

Als nächster Schritt erfolgt die Ausformulierung des Testaments, wobei die **Mustertestamente** als Vorlage verwendet werden können. Sie können der persönlichen Situation entsprechend abgeändert oder ergänzt werden. Danach muß die Einhaltung der formellen Anforderungen der wirksamen Testamentserrichtung geprüft werden. Außerdem ist zu überlegen, wie das Testament sicher verwahrt werden kann. Zu prüfen ist auch, ob die persönlichen Ziele durch eine vorweggenommene Erbfolgeregelung besser verwirklicht werden können als durch eine Regelung in einem Testament.

Im **Lexikonteil** sind die in diesem Abschnitt angesprochenen und die für die Testamentserrichtung bedeutsamen Erläuterungen unter dem jeweiligen Stichwort allgemeinverständlich dargelegt.

Die einzelnen Schritte zum richtigen Vererben lesen sich komplizierter, als sie sind. Wer viele und gegensätzliche Ziele mit einem Testament erreichen will, komplizierte Eigentums- und Vermögensverhältnisse berücksichtigen muß, sollte die einzelnen Schritte für die Testamentsgestaltung jedoch sorgfältig klären. Wer hingegen lediglich seinen Ehepartner als Erbe einsetzen will, braucht sich weniger Gedanken bei der Testamentsgestaltung zu machen und kann mit dem einfachen Satz „meine Ehefrau Maria soll meine Alleinerbin sein", dieses Ziel voll und ganz erreichen. Es muß dann lediglich darauf geachtet werden, daß die für das Testament geltenden Formvorschriften eingehalten werden.

Testament oder Erbvertrag?

Wer seine Erbfolge regeln will, kann ein Testament errichten oder einen Erbvertrag abschließen. Doch welche Verfügung ist für Ihre persönlichen Verhältnisse geeignet – Einzeltestament, Ehegattentestament oder Erbvertrag, privatschriftliches oder notarielles Testament? Welche Voraussetzungen vorliegen müssen und welche Vor- und Nachteile sowie Risiken Sie in Erwägung ziehen sollten, ist nachfolgend dargelegt.

Einzeltestament

Mit einem privatschriftlichen Einzeltestament können Sie schnell und unbürokratisch die **individuelle Erbfolge** regeln und, falls später Änderungen notwendig sind, das ursprüngliche Testament jederzeit durch ein neues widerrufen, abändern oder aufheben. Die Form des Testaments einzuhalten (**eigenhändig mit Vor- und Nachnamen unterschreiben, Ort und Datum der Testamentserrichtung angeben**) ist nicht schwierig. Sie können das eigenhändige Testament auch in amtliche Verwahrung geben und damit sicherstellen, daß es im Erbfall auch aufgefunden wird. Jeder Erwachsene, der testierfähig ist, kann ein privatschriftliches Einzeltestament selbst aufsetzen, ohne Vorsprache bei einem Notar.

Als derjenige, der in einem privatschriftlichen Einzeltestament bedacht wird, können Sie nicht darauf vertrauen, daß diese Regelung **unverändert wirksam wird**. Es kann auch sein, daß der Testierende das Testament ohne ausreichende Erbrechtskenntnisse abfaßt und unvollständige, unklare oder widersprüchliche Regelungen trifft oder Formvorschriften nicht hinreichend beachtet.

> **Anwalt oder Notar aufsuchen**
> Wollen Sie diese Gefahr ausschließen, suchen Sie einen Anwalt oder Notar auf und lassen Sie sich über die sachgemäße Testamentsgestaltung und die formwirksame Testamentserrichtung beraten, oder errichten Sie beim Notar ein notarielles Testament.
>
> **Tip**

Gemeinschaftliches Testament (Ehegattentestament)

Ein solches Testament können Sie nur als Ehegatten abfassen. Wie beim Einzeltestament kann es als **notarielles oder privatschriftliches Testament** errichtet werden.

Entscheiden Sie sich für ein privatschriftliches Ehegattentestament, müssen Sie wiederum **Formvorschriften** einhalten. Bedenken Sie auch, daß die Besonderheit des gemeinschaftlichen Testaments darin besteht, daß bei sogenannten wechselbezüglichen Verfügungen über Erbeinsetzungen, Vermächtnisse oder Auflagen, d. h. Verfügungen, von denen anzunehmen ist, daß die Verfügung des einen Ehegatten nicht ohne die des anderen getroffen wurde, der Widerruf oder die Nichtigkeit einer Verfügung die Unwirksamkeit der anderen zur Folge hat. Um wechselbezügliche Verfügungen handelt es sich im Zweifel, wenn sich die Ehegatten gegenseitig einsetzen oder bedenken.

Eine **wechselbezügliche Verfügung** können Sie zu Lebzeiten des anderen Ehegatten nur durch eine notariell beurkundete Erklärung gegenüber dem Ehegatten widerrufen. Nach dem Tod eines Ehegatten erlischt grundsätzlich das Recht des anderen zum Widerruf, es sei denn, der Überlebende schlägt das ihm im gemeinschaftlichen Testament Zugewandte aus. Verfügungen (keine wechselseitigen) können Sie hingegen ohne Wissen des anderen und sogar gegen dessen Willen mit einem neuen einseitigen Testament ganz oder teilweise widerrufen. Das ist auch nach dem Tod des anderen Ehegatten möglich, wobei dessen Verfügung vom Widerruf unberührt bleibt.

> Als Ehepartner dürfen Sie gegenseitig darauf vertrauen, daß die wechselbezüglichen Verfügungen zu Ihren Lebzeiten vom anderen Ehepartner nicht ohne Ihr Wissen geändert werden und, wenn Sie selbst nichts ändern, nach Ihrem Tod keine Änderung mehr möglich ist. Das gemeinschaftliche Testament bietet damit einen Vertrauensschutz für das gemeinsam Geregelte.

Erbvertrag

Anders als beim gemeinschaftlichen Testament sind Sie an die im Erbvertrag enthaltenen Verfügungen **vertraglich gebunden**, d. h., diese Regelungen können von einem Vertragspartner nicht mehr einseitig geändert oder aufgehoben werden. Änderungen sind nur übereinstimmend möglich. Während Testamente handschriftlich oder notariell errichtet werden können, müssen Erbverträge **vor einem Notar abgeschlossen werden**.

Verfügungen in Erbverträgen haben auf Dauer Bestand. Sie können in diesen Verträgen auch auf Erb- und Pflichtteilsansprüche verzichten. Damit ist Ihnen die Möglichkeit gegeben, die Erbfolge mit Einverständnis der Erb- und Pflichtteilsberechtigten **umfassend und abschließend** unter Einbeziehung und Abgeltung von Erb- und Pflichtteilsansprüchen **zu regeln**.

Wegen der starren Bindung an die vertragsmäßigen Verfügungen in Erbverträgen ist eine Anpassung der Erbfolgeregelung an geänderte Umstände (andere Familienverhältnisse oder späteres Fehlverhalten eines Begünstigten) **nicht** möglich. Daß der Erbvertrag **nur beim Notar** abgeschlossen werden kann und hierbei Notargebühren erhoben werden, ist nachteilig, fällt jedoch nicht erheblich ins Gewicht.

Ein Erbvertrag ist dann erforderlich, wenn Erbberechtigte auf Erb- oder Pflichtteilsansprüche verzichten sollen oder wenn Sie eine verbindliche Erbfolge festlegen wollen. Er kann auch vorteilhaft sein, wenn Ihnen die **Bindungswirkung** des gemeinschaftlichen Testaments nicht genügt oder wenn Sie keine Eheleute sind und deshalb kein gemeinschaftliches Testament errichten können.

Fazit

Eheleute, die ihre Erbfolge gemeinschaftlich und im Vertrauen auf die Verfügung des Ehepartners festlegen wollen, können ihre Vorstellungen in der Regel mit einem gemeinschaftlichen Testament verwirklichen.

Einzeltestament

Für alle anderen Testierende, insbesondere Alleinstehende, ist das Einzeltestament das richtige Mittel, um die Erbfolge sachgemäß zu regeln.

Tip

So errichte ich ein Testament

Testierfähigkeit

Ein Testament kann nur errichten, wer testierfähig ist. Die Testierfähigkeit **beginnt mit Vollendung des 16. Lebensjahres.** Wer das 16., aber noch nicht das 18. Lebensjahr vollendet hat, kann ein Testament nur als sogenanntes öffentliches Testament vor einem Notar errichten.

Vor Vollendung des 16. Lebensjahres ist ein Minderjähriger testierunfähig und kann ein Testament auch nicht von seinen Eltern als gesetzliche Vertreter abfassen lassen, da ein Testament **nur persönlich** errichtet werden kann. Ab Vollendung des 18. Lebensjahres ist die Testierfähigkeit grundsätzlich nicht mehr beschränkt. Der Volljährige braucht kein öffentliches Testament zu errichten. Er kann auch ein eigenhändiges Testament aufsetzen.

> Unabhängig vom Alter sind Personen **testierunfähig,** die wegen krankhafter Störung der Geistestätigkeit, Geistesschwäche oder Bewußtseinsstörungen nicht in der Lage sind, die Bedeutung der von ihnen abgegebenen Willenserklärungen einzusehen und nach dieser Einsicht zu handeln.

Gelegentlich werden Testamente angefochten mit der Behauptung, der Testierende sei bei der Errichtung des Testaments nicht mehr testierfähig gewesen. Diese Testierunfähigkeit muß grundsätzlich derjenige beweisen, der sich darauf beruft. Dies stellt in der Regel einen wirksamen Schutz gegen die unberechtigte Behauptung der mangelnden Testierfähigkeit dar.

Tip

Testierfähigkeit

In Einzelfällen kann es sinnvoll sein, vor Abfassung eines Testaments die Testierfähigkeit durch den Hausarzt bestätigen zu lassen, um einer etwaigen späteren Behauptung der mangelnden Testierfähigkeit eines vermeintlich zu kurz gekommenen Erben entgegenzuwirken.

Testamentsformen und ihre Formerfordernisse

Zur Errichtung eines Testaments stehen dem Testierenden verschiedene Testamentsformen mit jeweils unterschiedlichen formellen Anforderungen zur Verfügung.

Öffentliches Testament

Das öffentliche Testament wird durch **notarielle Beurkundung** errichtet. Vor der Beurkundung stellt der Notar die Identität des Testierenden fest und prüft in einem Gespräch seine Testierfähigkeit.

Der Testierende hat die Wahl, ob er dem Notar seinen letzten Willen **mündlich** erklärt **oder ihm ein Schriftstück,** das offen oder verschlossen sein kann, mit der Erklärung übergibt, daß das Schriftstück seinen letzten Willen wiedergibt. Bei mündlicher Erläuterung des letzten Willens berät der Notar den Testierenden über die rechtliche Bedeutung seiner Erklärungen und weist ihn auf etwaige Bedenken gegen die Gültigkeit des beabsichtigten Testaments hin. Anschließend wird vom Notar der letzte Wille des Testierenden formuliert und niedergeschrieben. Die Niederschrift wird vorgelesen und anschließend beurkundet.

Eigenhändiges Testament

Die gebräuchlichste und einfachste Testamentsform ist das **privatschriftliche** oder eigenhändige Testament. Dieses muß vom Testierenden vollständig eigenhändig und handschriftlich geschrieben und unterschrieben sein.

> Ein vom Testierenden mit der Schreibmaschine getipptes und unterschriebenes Testament ist unwirksam.

Die Unterschrift soll den **Vor- und den Familiennamen** des Testierenden enthalten. Der Testierende muß außerdem auf dem Testament vermerken, zu welcher Zeit (Tag, Monat und Jahr) und an welchem Ort er das Testament geschrieben hat.

Muster

> *Testament*
> *Meine Tochter Gertrud ist nach meinem Tod meine Alleinerbin.*
> *Freiburg, den 1. 3. 1995*   *Petra Hesseler*

Zur Überprüfung der Einhaltung aller Formerfordernisse bei einem eigenhändigen Testament können Sie folgende Checkliste verwenden.

**Checkliste:
Formerfordernisse für eigenhändige Einzeltestamente**

Dies muß bei der Errichtung eines privatschriftlichen Einzeltestaments beachtet werden:

	ja
Testierfähigkeit?	☐
Gesamter Wortlaut vollständig eigenhändig geschrieben?	☐
Eigenhändig unterschrieben?	☐
Unterschrift mit Vor- und Familiennamen versehen?	☐
Datum der Testamentserrichtung angegeben?	☐
Ort der Testamentserrichtung angegeben?	☐

Gemeinschaftliches Testament

Neben dem nur von einer Person errichteten einseitigen Testament (Einzeltestament) gibt es für Eheleute die Möglichkeit, ein gemeinschaftliches Testament abzufassen.

Dieses Testament **kann in öffentlicher Form** durch Beurkundung beim Notar **oder privatschriftlich** durch eigenhändige Niederschrift errichtet werden.

> Das gemeinschaftliche Testament können nur Eheleute errichten. Verlobte, Verwandte und Partner nichtehelicher Lebensgemeinschaften können kein gemeinschaftliches Testament abfassen.

Beim eigenhändigen gemeinschaftlichen Testament ist es erforderlich, daß einer der Ehegatten das Testament **eigenhändig und handschriftlich schreibt**, unterschreibt sowie Datum und Ort der Errichtung angibt und der andere Ehegatte die Erklärung ebenfalls unterscheibt und mit Datum und Ort der Unterschrift versieht.

Muster

Gemeinschaftliches Testament
Wir setzen uns gegenseitig zu Alleinerben ein.

München, den 10. 4. 1992   Paul Berger
München, den 10. 4. 1992   *Elke Berger*

Die Besonderheit des gemeinschaftlichen Testaments besteht darin, daß alle sogenannten wechselbezüglichen Verfügungen nur unter erschwerten Bedingungen abänderbar sind, die nachfolgend erläutert werden.

Zur Überprüfung der Einhaltung aller Formvorschriften bei einem gemeinschaftlichen eigenhändigen Testament können Sie folgende Checkliste verwenden.

Checkliste: Formerfordernisse für eigenhändige Ehegattentestamente	ja
Beide Ehegatten testierfähig?	☐
Gesamter Wortlaut von einem Ehegatten vollständig eigenhändig geschrieben?	☐
Eigenhändig von diesem Ehegatten mit Vor- und Familiennamen unterschrieben?	☐
Datum und Ort der Niederschrift von diesem Ehegatten auf dem Testament vermerkt?	☐
Unterschrift des anderen Ehegatten mit Vor- und Familiennamen?	☐
Angaben von Datum und Ort der Unterschrift des anderen Ehegatten?	☐

Widerruf, Aufhebung und Änderung von Testamenten

Testamente können grundsätzlich vom Testierenden **jederzeit frei widerrufen, abgeändert oder aufgehoben** werden. Widerrufen werden kann dabei durch ein neues Testament oder durch die Vernichtung des alten oder durch Vornahme von Veränderungen an dem alten, die den Willen der Aufhebung ausdrücken.

Öffentliche Testamente gelten als widerrufen, wenn der Testierende das in amtliche Verwahrung genommene Testament zurückverlangt.

> **Tip**
> **Errichtung eines neuen Testaments**
> Bei Errichtung eines neuen Testaments wird ein früheres Testament insoweit abgeändert und aufgehoben, als es dem neuen Testament widerspricht.

Bei gemeinschaftlichen Testamenten (Ehegattentestamenten) besteht jedoch die Besonderheit, daß die getroffenen Verfügungen nicht von einem Ehepartner beliebig widerrufen oder abgeändert werden können. Die **wechselbezüglichen Verfügungen**, das sind die Verfügungen, von denen anzunehmen ist, daß die Verfügung des einen Ehegatten nicht ohne die Verfügung des anderen getroffen wurde (z. B. gegenseitige Erbeinsetzung), können bei Lebzeiten der Ehepartner einseitig von einem Ehegatten **nur durch notariell zu beurkundende Erklärung** gegenüber dem anderen Ehegatten widerrufen werden.

Gleichzeitig hat dies zur Folge, daß damit auch die wechselbezüglichen Verfügungen des anderen Ehegatten unwirksam werden. Mit dem Tod des einen Ehegatten **erlischt** grundsätzlich das Recht des anderen zum Widerruf der wechselbezüglichen Verfügungen. Nur wenn er das ihm durch das gemeinschaftliche Testament Zugewandte ausschlägt, wenn ihm im Testament ein Widerrufsrecht eingeräumt wurde oder wenn ihm ein Recht zur Entziehung des Pflichtteils gegen seinen Ehegatten zustehen würde, kann er die wechselbezüglichen Verfügungen abändern.

> Nicht wechselbezügliche Verfügungen, d. h. Verfügungen, die nicht von denen des Ehepartners abhängen, können einseitig und ohne Wissen und gegen den Willen des anderen aufgehoben werden.

Von **beiden Ehegatten gemeinsam** kann das Ehegattentestament in vollem Umfang beliebig widerrufen oder abgeändert werden. Abgeändert werden kann dabei das Testament durch ein neues gemeinschaftliches Testament oder durch einen Erbvertrag der Eheleute.

Eine Bindung besteht auch gegenüber früheren Regelungen in einem **Erbvertrag**. Vertragsmäßige Verfügungen in einem Erbvertrag können grundsätzlich nur durch einen neuen Erbvertrag aufgehoben werden. Abweichend hiervon können Eheleute, die einen Erbvertrag abgeschlossen hatten, den Erbvertrag auch durch ein gemeinschaftliches Testament aufheben. Vertragsmäßige Verfügungen, durch die in einem Erbvertrag ein Vermächtnis oder eine Auflage vereinbart wurde, können von einem Testierenden aufgehoben werden, wenn der begünstigte Erbvertragspartner der Aufhebung mit einer notariell beurkundeten Erklärung zustimmt.

> **Genaue Prüfung**
> Vor Errichtung eines neuen Testaments sollten Sie sorgfältig prüfen, ob aufgrund eines früheren gemeinschaftlichen Testaments oder eines früher abgeschlossenen Erbvertrags eine erbrechtliche Bindung besteht, die der gewünschten Testamentsgestaltung entgegensteht. Bei Fragen sollten Sie einen Rechtsanwalt konsultieren.
>
> **Tip**

Fazit

Ein eigenhändiges Testament kann jeder errichten, der volljährig ist, es sei denn, aufgrund psychischer Beeinträchtigungen ist die Testierfähigkeit nicht mehr gegeben. Minderjährige zwischen dem 16. und 18. Lebensjahr können ein Testament nur vor dem Notar abfassen. Das eigenhändige Testament als gebräuchlichste Testamentsform kommt formgültig zustande, wenn der Testierende seinen Willen handschriftlich niederschreibt, unterschreibt und mit Datum und Ort der Testamentserrichtung versieht. Bei gemeinschaftlichen Testamenten muß der andere Ehepartner das gemeinschaftliche Testament unterzeichnen und ebenfalls Ort und Datum der Testamentserrichtung angeben. Bei Bedenken gegen die Testierfähigkeit sollte ein Testament vor einem Notar errichtet oder die Testierfähigkeit sollte vom Arzt bestätigt werden. Außerdem ist zu prüfen, ob bereits früher ein gemeinschaftliches Testament errichtet oder ein Erbvertrag abgeschlossen wurde und die früheren Verfügungen durch das neue Testament abgeändert werden können.

So gestalte ich meine Erbfolge

Das Erbrecht ist nicht gerade leicht verständlich. Wenn Sie Ihren Nachlaß nach Ihren Wünschen und Vorstellungen ordnen wollen, ist es deshalb unerläßlich, daß Sie sich mit den wichtigsten gesetzlichen Regelungen und Bestimmungen vertraut machen. So sollten Sie z. B. wissen, wann eine individuelle Erbfolgeregelung erforderlich ist, welche rechtliche Bedeutung testamentarische Anordnungen haben und wie Pflichtteilsansprüche reduziert werden können.

Wann Sie Ihre Erbfolge selbst regeln müssen

Das Gesetz sieht eine bestimmte Erbfolgeregelung vor. Wenn diese Ihren persönlichen Interessen und Wünschen entspricht, müssen Sie kein Testament errichten.

Im Regelfall entspricht die gesetzliche Erbfolgeregelung jedoch nicht den persönlichen Interessen und Wünschen, so daß Sie ihre Erbfolge **individuell** regeln müssen.

> Wichtig ist dabei, daß Sie die möglichen testamentarischen Anordnungen und die Grenzen der Testierfreiheit, insbesondere das Pflichtteilsrecht, kennen.

Gesetzliche Erbfolge

Die gesetzliche Erbfolgeregelung ist immer dann maßgebend, wenn der Verstorbene (das Gesetz spricht vom Erblasser) seine Erbfolge nicht in einem Testament oder Erbvertrag bestimmt hat. In diesem Fall kommen als gesetzliche Erben der Ehegatte und die Verwandten des Erblassers, ersatzweise der Staat, in Betracht.

Das Erbrecht der Verwandten und des Ehepartners ist in §§ 1924 ff. BGB geregelt. Es richtet sich nach dem **Verwandtschaftsverhältnis** sowie nach dem ehelichen Güterstand. Die Höhe des Erbteils des Ehegatten hängt davon ab, welche Verwandten neben ihm zur Erbschaft berufen sind.

Erbrecht der Verwandten

Verwandtenerbfolge

Das Gesetz teilt die Verwandten in Erben **verschiedener Ordnungen** mit unterschiedlichen Rechten ein. In erster Linie sind die Erben erster Ordnung – die **Abkömmlinge** – zur gesetzlichen Erbfolge berufen. Nur wenn es keine Abkömmlinge gibt, können die Erben zweiter Ordnung Erbe werden. Erst wenn weder ein Erbe erster noch zweiter Ordnung vorhanden ist, sind die Erben der dritten Ordnung zur Erbschaft berufen; für nachfolgende Ordnungen gilt das Entsprechende.

Gesetzliche Erben erster Ordnung sind die Abkömmlinge, d. h. die Kinder und Kindeskinder des Verstorbenen. Das Gesetz teilt sie in sogenannte Stämme ein, wobei jedes Kind mit seinen Kindern und Kindeskindern einen Stamm bildet. Die Stämme erben zu gleichen Teilen. Innerhalb der Stämme schließt ein zur Zeit des Erbfalls lebender Abkömmling Kinder und Kindeskinder von der Erbfolge aus, die durch ihn mit dem Verstorbenen verwandt sind. Danach erben also in erster Linie die Kinder des Erblassers zu gleichen Teilen.

Beispiel: Der verstorbene Erblasser hinterläßt einen Sohn und eine Tochter, die ihrerseits jeweils zwei Kinder haben. Sohn und Tochter erben jeweils die Hälfte, die Enkelkinder des Erblassers sind nicht zur Erbschaft berufen.

Anders sieht die Erbfolgeregelung aus, wenn ein bereits verstorbenes Kind Nachkommen hinterläßt. Dann treten sie an seine Stelle.

Beispiel: Der Verstorbene hinterläßt einen Sohn und eine Tochter sowie ein Enkelkind von seinem bereits verstorbenen zweiten Sohn. Sohn, Tochter und Enkelkind erben jeweils ein Drittel.

Fällt ein Stammerbteil an mehrere Nachkommen, werden die Nachkommen wiederum in Stämme eingeteilt, die zu gleichen Teilen erben.

Beispiel: Wenn der verstorbene Erblasser (E) einen Sohn (S1), eine Tochter (T) und zwei Enkelkinder (E1) und (E2), Kinder des vorverstorbenen Sohnes (S2), hinterläßt, erben Sohn und Tochter jeweils ein Drittel, die Enkelkinder jeweils ein Sechstel.

Am einfachsten lassen sich die verschiedenen Erbteile anhand eines Stammbaums ermitteln:

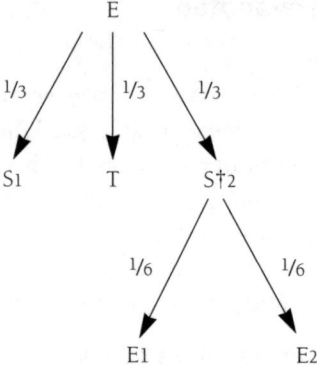

Der Drittelanteil des vorverstorbenen Sohnes (S2) geht also auf die Enkelkinder zu gleichen Teilen über.

Gesetzliche Erben der zweiten Ordnung sind die Eltern und Geschwister des Verstorbenen und deren Abkömmlinge. Wenn die Eltern leben, erben sie allein und zu gleichen Teilen und schließen die Geschwister des Erblassers von der Erbfolge aus. Ist ein Elternteil verstorben, geht sein Anspruch auf seine Abkömmlinge über, und zwar nach den Vorschriften, die für die Beerbung in der ersten Ordnung gelten. Hat der vorverstorbene Elternteil keine Abkömmlinge, erbt der überlebende Elternteil allein.

Gesetzliche Erben der dritten Ordnung sind die Großeltern des Erblassers und deren Abkömmlinge. Die Urgroßeltern und deren Abkömmlinge sind gesetzliche Erben der **vierten Ordnung**. Für die weiteren Ordnungen sind die jeweils ferneren Voreltern und deren Abkömmlinge zur gesetzlichen Erbfolge berufen.

Erbrecht des Ehegatten

Das Erbrecht des Ehegatten hängt von dem **ehelichen Güterstand** und dem Grad der Ordnung der gesetzlichen Erben ab, die neben dem Ehegatten gesetzliche Erben werden. Der neben dem Erbteil des Ehegatten den Verwandten verbleibende Erbteil wird unter ihnen nach dem Grad ihres Verwandtschaftsverhältnisses aufgeteilt.

Neben Verwandten der ersten Ordnung (Kinder und Kindeskinder des Erblassers) erbt der überlebende Ehegatte **grundsätzlich ein Viertel des Nachlasses.**

Beispiel: Der Erblasser hinterläßt seine Frau und ein Kind. Seine Frau hat Anspruch auf ein Viertel, das Kind auf drei Viertel der gesetzlichen Erbschaft.

Neben Verwandten der zweiten Ordnung (Eltern und Geschwister des Erblassers und deren Nachkommen) oder neben Großeltern wird der Ehegatte grundsätzlich zur Hälfte gesetzlicher Erbe.

Gibt es außer den Großeltern nur Verwandte der dritten Ordnung (Tanten und Onkel des Erblassers und deren Nachkommen) oder fernerer Ordnungen, erbt der Ehegatte allein.

Lebten die Ehegatten im gesetzlichen Güterstand der **Zugewinngemeinschaft** – der praktisch bedeutsamste Fall –, erhöht sich zum Ausgleich des Zugewinns der gesetzliche Erbteil des Ehegatten um ein Viertel. Es ist dabei nicht von Bedeutung, ob ein Zugewinn tatsächlich erzielt wurde.

> **Erhöhung des Erbteils**
> Diese Erbteilsquoten können sich jedoch erhöhen, und zwar aufgrund des Güterstandes, in dem die Ehegatten gelebt haben.
>
> **Tip**

Beispiel: Der Erblasser, der im Güterstand der Zugewinngemeinschaft lebte, hinterläßt seine Frau und ein Kind. Die Witwe und das Kind sind jeweils zur Hälfte gesetzliche Erben.

> Die Ehegatten leben im gesetzlichen Güterstand der Zugewinngemeinschaft, wenn sie nicht in einem notariellen Vertrag etwas anderes vereinbart haben. Den geschilderten Erbquoten des Ehegatten ist dann ein weiteres **Viertel** hinzuzurechnen.

Hatten die Ehegatten jedoch **Gütertrennung** vereinbart und sind als gesetzliche Erben neben dem Ehegatten ein oder zwei Kinder berufen, erben der überlebende Ehegatte und jedes Kind zu gleichen Teilen.

Beim seltenen Güterstand der **Gütergemeinschaft** bleibt es bei der angeführten Grundregel. Das heißt, der Ehegatte erbt neben den Kindern ein Viertel, neben gesetzlichen Erben der zweiten Ordnung und neben Großeltern die Hälfte.

Eine besondere Regelung gilt für den sogenannten **Voraus**. Ist der überlebende Ehegatte neben Verwandten der zweiten Ordnung oder neben Großeltern gesetzlicher Erbe, erhält er außer dem Erbteil die zum ehelichen Haushalt gehörenden Gegenstände, soweit sie nicht Zubehör eines Grundstücks sind, und die Hochzeitsgeschenke als Voraus.

> Wird der überlebende Ehegatte neben Verwandten der ersten Ordnung gesetzlicher Erbe, erhält er diese Gegenstände allerdings nur, soweit er sie zur Führung eines angemessenen Haushalts benötigt, was jedoch die Regel sein dürfte.

Die gesetzlichen Erbteile des Ehegatten auf einen Blick

Der Ehegatte wird mit folgenden Anteilen gesetzlicher Erbe:

- Beim gesetzlichen **Güterstand der Zugewinngemeinschaft** erbt der Ehegatte
    1. neben Abkömmlingen die Hälfte,
    2. neben Eltern und deren Abkömmlingen drei Viertel,
    3. neben Großeltern drei Viertel,
    4. ansonsten allein.

- Beim **Güterstand der Gütertrennung** erbt der überlebende Ehegatte
    1. neben Abkömmlingen
       – bei einem Kind die Hälfte
       – bei zwei Kindern ein Drittel,
       – ab drei Kinder ein Viertel
    2. neben Eltern und deren Abkömmlingen die Hälfte,
    3. neben Großeltern die Hälfte,
    4. ansonsten allein.

- Beim **Güterstand der Gütergemeinschaft** erbt der überlebende Ehegatte
  1. neben Abkömmlingen ein Viertel,
  2. neben Eltern und deren Abkömmlingen die Hälfte,
  3. neben Großeltern die Hälfte,
  4. ansonsten allein.

Individuelle Erbfolgegestaltung

Wenn Sie die gesetzliche Erbfolge prüfen, werden Sie vielleicht feststellen, daß die Gesetzesregelung Ihren persönlichen Zielen nicht entspricht. In diesem Fall können Sie die Erbfolge durch **Testament oder entsprechende Regelungen im Erbvertrag** individuell gestalten. Damit dies sachgerecht geschieht, sollten Sie die möglichen testamentarischen Anordnungen und ihre rechtlichen Auswirkungen kennen. Diese Anordnungen ermöglichen es, die Erbfolge grundsätzlich nach Belieben frei zu regeln. Inhaltliche Schranken setzen lediglich die Pflichtteilsrechte und die guten Sitten.

Testamentarische Anordnungen

Erbeinsetzung

Die wichtigste Regelung im Testament ist die Bestimmung, wer Erbe sein soll.

Beispiel: Meine Alleinerbin ist meine Ehefrau Gisela.

Auf den Erben gehen mit dem Tod des Erblassers sowohl dessen Vermögen als auch dessen Verbindlichkeiten **im ganzen** über. Das heißt, die Erben werden Eigentümer seiner Gegenstände, Inhaber seiner Forderungen und Schuldner seiner Verbindlichkeiten. Dafür ist kein Übertragungsakt erforderlich.

Jede Person, auch sogenannte juristische Personen (z. B. Aktiengesellschaften, GmbH und eingetragene Vereine), können als Erben eingesetzt werden. Handelt es sich um mehrere Personen, sind die jeweiligen Erbteilsquoten anzugeben.

Beispiel: Meine Kinder Albert und Berta sind jeweils zur Hälfte meine Erben.

Sind keine Erbteilsquoten angegeben, gelten grundsätzlich alle Erben **zu gleichen Teilen** eingesetzt.

Sind keine Ersatzerben benannt und gibt es auch keine Abkömmlinge, die als Ersatzerben anzusehen sind, wächst grundsätzlich den übrigen Erben ein Anspruch nach dem Verhältnis ihrer Anteile zu. Sollte der weggefallene Erbe Alleinerbe werden, ist für die Erbeinsetzung die gesetzliche Erbfolge ausschlaggebend.

> **Tip**
>
> **Ersatzerbe benennen**
>
> Bei der Erbeinsetzung sollten Sie berücksichtigen, daß der von Ihnen bestimmte Erbe vor dem Erbfall sterben oder die Erbschaft ausschlagen könnte. Für diesen Fall können Sie einen Ersatzerben benennen. Ist das nicht geschehen und war ein Abkömmling als Erbe vorgesehen, gelten im Zweifel dessen Abkömmlinge als Ersatzerben.

Beispiel: Peter setzt seine Tochter Karin als alleinige Erbin ein. Sie stirbt jedoch vor Peter. Nach dem Tod von Peter, der das Testament nicht nachträglich geändert hat, erben im Zweifel die Kinder von Karin.

Vermächtnis

Auch ohne Erbeinsetzung kann jemand in einem Testament durch ein Vermächtnis begünstigt werden.

Beispiele: Meine Schwester Kerstin erhält nach meinem Tod meine Eigentumswohnung in ... (genaue Adresse).
Mein Freund Albert erhält nach meinem Tod mein Festgeldguthaben bei der Sparkasse ...

Im Gegensatz zum Erben wird der durch das Vermächtnis Begünstigte mit dem Erbfall nicht sofort Eigentümer des Gegenstandes oder Inhaber der Forderung. Er hat vielmehr **nur einen schuldrechtlichen Anspruch** gegen den Erben auf Erfüllung des Vermächtnisses.

Beispiel: Im Vermächtnis ist verfügt, daß Kerstin die Eigentumswohnung erhält. Sie kann von den Erben die Herausgabe des Schlüssels und insbesondere die Eigentumsübertragung vor dem Notar und die Eintragung als Eigentümerin im Grundbuch verlangen.

Gegenüber der Erbeinsetzung hat die Anordnung eines Vermächtnisses für den Begünstigten einen **Vorteil:** Er muß nicht – wie der Erbe – für die Verbindlichkeiten des Erblassers einstehen.

> **Ein Vermächtnis kann den Erben oder einen mit einem Vermächtnis Bedachten belasten.** Wenn im Testament nicht festgelegt ist, wer das Vermächtnis erfüllen soll, ist der Erbe dazu verpflichtet.

Ein Vermächtnis kann sowohl körperliche Gegenstände (z. B. Möbel, Schmuck, Immobilien) umfassen als auch Forderungen und Rechte (z. B. Zahlung eines bestimmten Geldbetrags, Renten oder Nießbrauchanspruch) oder Sachgesamtheiten (z. B. ein Unternehmen). In jedem Fall ist darauf zu achten, daß die vermachten Gegenstände eindeutig bezeichnet werden. Außerdem muß der Formulierung klar zu entnehmen sein, daß der Testierende nicht nur einen unverbindlichen Wunsch äußerte.

Die Anordnung eines Vermächtnisses kommt immer dann in Betracht, wenn eine Person **Vermögensvorteile** erhalten soll, aber nicht gewünscht wird, daß sie eine Erbenstellung einnimmt, das heißt, die damit verbundene Gesamtrechtsnachfolge in alle Rechte und Pflichten des Erblassers. Ein Vermächtnis bietet sich deshalb insbesondere bei geringeren Zuwendungen an. Oft kann es jedoch auch bei großen Vermögenswerten vorteilhaft sein, wenn z. B. dem Begünstigten lediglich einzelne, aber wertvolle Gegenstände zukommen sollen (wie etwa ein Mietshaus) und er nicht mit der gesamten Nachlaßabwicklung befaßt, insbesondere nicht mit Nachlaßverbindlichkeiten belastet werden soll. Außerdem bieten Vermächtnisse die Möglichkeit, den Nachlaß sachgerecht und detailliert an die verschiedensten Personen zu verteilen.

Vor- und Nacherbschaft

Bei der Vor- und Nacherbschaft wird mit der Erbeinsetzung geregelt, daß der Nachlaß zuerst auf einen Vorerben und später auf einen Nacherben übergeht. Die Vorerbschaft kann dabei auf Lebenszeit des Vorerben, für eine bestimmte Dauer, bis zum Eintritt einer Bedingung oder bis zu einem bestimmten Zeitpunkt angeordnet werden.

Beispiel: Nach meinem Tod ist meine Ehefrau Gerda meine Vorerbin. Nacherbe nach ihrem Tod ist mein Sohn Alexander.

Diese Regelung gibt dem Testierenden die Möglichkeit, den Übergang seines Vermögens lange über seinen Tod hinaus festzulegen und nacheinander verschiedene Personen zu begünstigen.

> Vor- und Nacherben sind jeweils Erben des Testierenden. Der Nacherbe erhält erst mit Eintritt des Nacherbfalls seine Erbenstellung. Bis dahin steht dem Vorerben die Nutznießung am Nachlaß im Rahmen einer ordnungsgemäßen Bewirtschaftung zu.

Im Interesse des Nacherben sind seine Verfügungsrechte über den Nachlaß jedoch **weitgehend eingeschränkt.** Unentgeltliche Verfügungen über Grundstücke und Grundstücksrechte (z. B. Hypotheken und Grundschulden) kann er nur mit Einwilligung des Nacherben vornehmen. Inhaberpapiere und Schuldverschreibungen muß er auf Verlangen des Nacherben hinterlegen. Will der Vorerbe Geldbeträge aus objektiven wirtschaftlichen Gründen anlegen, muß er sich dabei an die für die Anlegung von Mündelgeld geltenden Vorschriften halten.

Keine Befreiung gibt es allerdings von dem Verbot, über Erbschaftsgegenstände unentgeltlich zu verfügen oder sie zu verschenken. Davon unberührt bleiben jedoch Schenkungen, wenn sie einer sittlichen Pflicht oder einer auf den Anstand zu nehmenden Rücksicht entsprechen. Solche Schenkungen kann jeder Vorerbe vornehmen.

> **Tip**
>
> **Befreiung des Vorerben**
>
> Will der Testierende den Vorerben besserstellen, kann er ihn von den gesetzlichen Beschränkungen weitgehend befreien. Dazu reicht der Satz im Testament: Der Vorerbe ist von allen gesetzlichen Beschränkungen befreit, von denen Befreiung erteilt werden kann. Diese Anordnung empfiehlt sich vor allem dann, wenn der Ehegatte als Vorerbe eingesetzt werden soll.

Der Testierende ist auch berechtigt, die Befugnis des Vorerben über die gesetzlich angeordneten Beschränkungen hinaus weiter einzuschränken. Dies kann sinnvoll sein, wenn dem Nacherben die Erbschaft möglichst ungeschmälert zukommen soll.

Testamentsvollstreckung

Zur Durchsetzung des letzten Willens, zur sachgerechten Verwaltung und Auseinandersetzung oder auch zum Schutz minderjähriger oder geschäftlich unerfahrener Erben kann der Testierende die Einsetzung eines Testamentsvollstreckers anordnen.

Beispiel: Bis zum fünfundzwanzigsten Lebensjahr meines einzigen Sohnes Bernhard ist mein Bruder Theodor als Testamentsvollstrecker meines Nachlasses eingesetzt.

Der Erbe kann über den Nachlaß nicht mehr verfügen, statt dessen ist der **Testamentsvollstrecker verfügungsberechtigt.** Er ist verpflichtet, den Nachlaß ordnungsgemäß zu verwalten und in diesem Rahmen auch berechtigt, Verbindlichkeiten für den Nachlaß einzugehen. Unentgeltliche Verfügungen sind ihm aber – abgesehen von Pflichtgeschenken – ohne Zustimmung der Erben und Vermächtnisnehmer untersagt.

> Die Aufgaben des Testamentsvollstreckers hängen von den Anordnungen im Testament ab. Sind sie nicht näher bestimmt, ist er zur Ausführung des letzten Willens des Erblassers, der sich aus dem Testament oder dem Erbvertrag ergibt, verpflichtet, muß die Nachlaßverbindlichkeiten berichtigen und den Nachlaß unter mehreren Erben aufteilen.

Enterbung, Entziehung des Pflichtteils

Ein gesetzlicher Erbe kann von der Erbfolge ausgeschlossen werden, ohne daß ein anderer als Erbe eingesetzt wird.

Beispiel: Mein Sohn Albert soll nicht Erbe werden.

Der Enterbte wird dann nicht Erbe, er kann allerdings, abhängig vom Grad seines Verwandtschaftsverhältnisses zum Erblasser, **Pflichtteilsansprüche** geltend machen.

Ein gesetzlicher Erbe kann auch dadurch enterbt werden, daß der Testierende einen anderen zum Alleinerben einsetzt, mehrere andere Personen für den gesamten Nachlaß als Erben bestimmt oder den gesetzlichen Erben nur das Pflichtteilsrecht einräumt.

Beispiele: Mein Sohn Albert erhält nur den Pflichtteil.
Meine Tochter Christine ist meine Alleinerbin.

In beiden Fällen ist Sohn Albert **enterbt**, ihm steht allerdings der Pflichtteilsanspruch gegen den oder die Erben zu.

Im Zweifel treten die Abkömmlinge des Enterbten an seine Stelle.

Beispiel: Der Erblasser enterbt seinen einzigen gesetzlichen Erben, seinen Sohn Thomas, ohne einen anderen zum Erben einzusetzen. Dessen Kinder Alfred und Monika als seine Abkömmlinge erben an seiner Stelle.

Die Auslegung des Testaments kann jedoch ergeben, daß auch die Abkömmlinge ausgeschlossen werden sollen, insbesondere dann, wenn der Erblasser neben der Ausschließung festschreibt, für wen der Nachlaß bestimmt ist.

> Juristisch bedeutet der Ausdruck „Enterbung" den **Ausschluß von der Erbfolge**. Er kann aber auch, dem allgemeinen Sprachgebrauch folgend, als Entziehung des Pflichtteils gewertet werden, wenn in einem Testament die Enterbung mit Umständen begründet wird, die zum Entzug des Pflichtteils berechtigen.

Auflage

Der Testierende kann den Erben oder einen mit einem Vermächtnis Bedachten zu einer Leistung verpflichten, ohne daß der Begünstigte einen Rechtsanspruch auf die Leistung hat. Juristisch wird dies als **Auflage** bezeichnet. Im Unterschied zum Vermächtnis kann die begünstigte Person die Erfüllung der Auflage nicht erzwingen.

Beispiel: Meine alleinerbende Ehefrau ist verpflichtet, meinen Eltern Unterhalt zu gewähren, falls sie der Hilfe bedürfen.

Die Vollziehung der Auflage können nur der Erbe, der Miterbe und derjenige verlangen, dem der Wegfall des mit der Auflage zunächst Beschwerten unmittelbar zustatten kommen würde. Wenn die Erfüllung der Auflage im öffentlichen Interesse liegt, kann auch die zuständige Behörde die Vollziehung verlangen. Auch ein vom Erblasser eingesetzter Testamentsvollstrecker kann die Auflage erfüllen.

Teilungsanordnung, Teilungsverbot

In Testamenten und Erbverträgen können auch Anordnungen für die Aufteilung des Nachlasses unter den Miterben getroffen werden.

Beispiel: Die Kinder Albert, Berta und Heinrich werden je zu einem Drittel als Erben eingesetzt. Außerdem ist im Testament geregelt, daß Albert die Ferienwohnung in Spanien, Berta die Kunstsammlung und Heinrich die Münzsammlung vom Nachlaß erhalten.

Diese Anordnungen bestimmen die Aufteilung der Erbschaft und die Verteilung der einzelnen Erbschaftsgegenstände. Dabei soll der einzelne Begünstigte durch die Auflage kein höheres Erbschaftsvermögen erhalten, als es dem Wert seines Erbteils entspricht. Der Wert der zugewiesenen Gegenstände ist bei der Aufteilung des Nachlasses unter den Erben auf den Erbteil anzurechnen.

Es ist aber auch möglich, eine Aufteilung des ganzen Nachlasses oder einzelner Gegenstände zu verbieten (Teilungsverbot).

Beispiel: Das von mir aufgebaute Handelsunternehmen „Meier Export" darf nicht unter den Erben aufgeteilt werden. Die Erbengemeinschaft hat das Unternehmen unter Leitung meines Sohnes Albert zumindest bis zum Tod meiner Ehefrau fortzuführen.

> **Umgehung des Teilungsverbots**
>
> Das Teilungsverbot kann von allen Miterben einverständlich umgangen werden, es sei denn, der Erblasser hat zugleich Nichterben durch Vermächtnisse oder Auflagen begünstigt. Bei Vorliegen eines wichtigen Grundes wird das Teilungsverbot wirkungslos. **Tip**

Verwirkungsklausel

In manchen Fällen kann es sinnvoll sein, eine Zuwendung mit einer **auflösenden Bedingung** zu versehen. So kann der Erblasser nicht erwünschte Entwicklungen verhindern oder sanktionieren. Wenn sich die Ehegatten gegenseitig als Erbe einsetzen und Zuwendungen an die Kinder nach dem Tod des zuletzt Versterbenden vorsehen, bewahrt folgende Verwirkungsklausel den überlebenden Ehegatten vor Pflichtteilsansprüchen:

Beispiel: Sollte eines unserer Kinder nach dem ersten Sterbefall seinen Pflichtteil beanspruchen, erhält es nach dem zweiten Sterbefall ebenfalls nur den Pflichtteil.

Es gibt auch Klauseln, die Zuwendungen an den überlebenden Ehegatten bei einer Wiederverheiratung ganz oder teilweise aufheben (**Wiederverheiratungsklausel**).

Beispiel: Bei Wiederverheiratung meiner Frau Monika geht ihr Erbteil zu gleichen Teilen auf meine Kinder über.

Testierfreiheit und ihre Grenzen

Grundsätzlich kann der Testierende im Testament oder Erbvertrag die Erbfolge nach Belieben **frei regeln**. Auch vertragliche Vereinbarungen können die Testierfreiheit nicht beschränken oder ausschließen.

Eine Einschränkung stellt allerdings der allgemeine Rechtsgrundsatz dar, wonach Rechtsgeschäfte, die gegen die guten Sitten verstoßen, **nichtig** sind. Das ist der Fall, wenn ein Verstoß gegen das Anstandsgefühl aller billig und gerecht Denkenden vorliegt.

Auf dieser Generalklausel beruht die Rechtsprechung bei der Bewertung sogenannter **Geliebtentestamente.** Danach können testamentarische Zuwendungen an Geliebte sittenwidrig und damit nichtig sein, wenn sie ausschließlich als Belohnung für die ehewidrige Beziehung oder als Anreiz für deren Fortsetzung gedacht waren. Ansonsten kommt es auf die Gesamtumstände und die konkreten Auswirkungen an.

Für die Wirksamkeit des Geliebtentestaments spricht insbesondere, wenn für die Zuwendung neben der sexuellen Beziehung andere, von der Rechtsprechung anerkannte Gründe maßgeblich waren (z. B. Pflegeleistungen, Haushaltsführung).

> Gegen die Wirksamkeit kann sprechen, wenn dadurch Vermögen auf die Geliebte übertragen wird, das der Erblasser nicht selbst erarbeitete, sondern das von der Mutter des enterbten Kindes stammt.

Pflichtteilsrecht

Die wichtigste Grenze der Testierfreiheit ist das Pflichtteilsrecht. Nur unter ganz bestimmten Voraussetzungen können Pflichtteilsansprüche in einem Testament ausgeschlossen werden. Der Testierende ist jedoch nicht verpflichtet, Angehörige, denen Pflichtteilsansprüche zustehen, **im Testament** entsprechend zu bedenken. Die Testierfreiheit ermöglicht es ihm vielmehr, diese Personen von der Erbfolge auszuschließen. Den pflichtteilsberechtigten Angehörigen bleibt es dann überlassen, ob sie ihre Pflichtteilsansprüche gegenüber den Erben geltend machen.

Pflichtteilsberechtigte Personen

Pflichtteilsberechtigt sind die **Abkömmlinge** (Kinder und Kindeskinder), **der Ehegatte und die Eltern**, wenn sie durch Testament oder Erbvertrag von der gesetzlichen Erbfolge ausgeschlossen sind.

Beispiel: Der Erblasser setzt seine Ehefrau zur Alleinerbin ein. Seine Kinder sind pflichtteilsberechtigt, jedoch nicht seine Eltern, da sie als gesetzliche Erben der zweiten Ordnung neben den Kindern nicht zur Erbfolge berufen sind.

Der Pflichtteilsanspruch

Der Pflichtteilsanspruch ist ein **schuldrechtlicher Anspruch** auf Zahlung eines Geldbetrags gegen den oder die Erben. Er entspricht der Hälfte des Wertes des gesetzlichen Erbteils des Pflichtteilsberechtigten.

Beispiel: Der Erblasser setzt seine Ehefrau, mit der er im gesetzlichen Güterstand der Zugewinngemeinschaft lebte, als Alleinerbin ein. Der einzige Sohn hat einen Pflichtteilsanspruch in Höhe von einem Viertel des Werts der Erbschaft, da er ohne Testament zur Hälfte geerbt hätte.

Der Pflichtteilsanspruch entsteht mit dem Erbfall und **verjährt in drei Jahren**, nachdem der Pflichtteilsberechtigte von dem Erbfall und der ihn beeinträchtigenden Verfügung Kenntnis erlangt, spätestens 30 Jahre nach dem Erbfall.

Schenkungen, die der Testierende innerhalb der letzten zehn Jahre vor seinem Tod vorgenommen hatte, beeinträchtigen den Pflichtteilsanspruch nicht. Der Pflichtteilsberechtigte kann verlangen, daß der Wert solcher Schenkungen dem Nachlaß hinzugerechnet und der Pflichtteil aus dem so erhöhten Nachlaß berechnet wird. Schenkungen an den Ehegatten werden bis zehn Jahre nach Auflösung der Ehe bei der Bestimmung des Pflichtteils dem Nachlaß hinzugerechnet.

Ausgenommen sind lediglich Schenkungen, durch die einer sittlichen Pflicht oder dem Anstand entsprochen wird.

Diese Regelung soll die Umgehung des Pflichtteilsrechts verhindern und die Pflichtteilsberechtigten vor der Aushöhlung der Erbschaft schützen. Im Einzelfall kann es für den Betroffenen jedoch schwierig sein, die seinen Anspruch beeinträchtigenden Schenkungen nachzuweisen.

Ebenfalls dem Schutz des Pflichtteilsberechtigten dient die **Regelung des Zusatzpflichtteils.** Ist der Wert einer Erbschaft eines pflichtteilsberechtigten Angehörigen geringer als die Hälfte seines gesetzlichen Erbteils, kann er von den Miterben den zur Höhe des Pflichtteils fehlenden Betrag verlangen.

Pflichtteilsentziehung

Es sind ganz **bestimmte Voraussetzungen** erforderlich, um einem nahen Angehörigen den Pflichtteil zu entziehen. Der Grund dafür muß im Testament oder Erbvertrag konkret angegeben werden und zur Zeit der Testamentserrichtung bzw. des Abschlusses des Erbvertrages noch bestehen. Unwirksam wird eine Pflichtteilsentziehung, wenn der Erblasser dem Pflichtteilsberechtigten verziehen hat.

Als **Grund für eine Pflichtteilsentziehung** kommen nur folgende Verfehlungen in Betracht:

Bei einem Abkömmling:

- wenn er seine gesetzliche Unterhaltspflicht dem Erblasser gegenüber böswillig verletzt;

- wenn er dem Erblasser, dem Ehegatten oder einem anderen Abkömmling des Erblassers nach dem Leben trachtet;
- wenn er den Erblasser oder dessen Ehegatten vorsätzlich körperlich mißhandelt, im Falle der Mißhandlung des Ehegatten jedoch nur, wenn er von diesem abstammt;
- wenn er sich eines Verbrechens oder eines schweren vorsätzlichen Vergehens gegen den Erblasser oder dessen Ehegatten schuldig macht;
- wenn er einen ehrlosen oder unsittlichen Lebenswandel gegen den Willen des Erblassers führt.

Beim Ehegatten:

- wenn er seine gesetzliche Unterhaltspflicht dem Erblasser gegenüber böswillig verletzt,
- wenn er dem Erblasser oder einem Abkömmling des Erblassers nach dem Leben trachtet;
- wenn er sich einer vorsätzlichen körperlichen Mißhandlung des Erblassers schuldig macht;
- wenn er sich eines Verbrechens oder eines schweren vorsätzlichen Vergehens gegen den Erblasser schuldig macht.

Bei den Eltern:

- wenn eine böswillige Verletzung der Unterhaltspflicht vorliegt, dazu kann auch die Verweigerung einer angemessenen Ausbildung zählen;
- wenn ein Elternteil dem Erblasser, dem Ehegatten oder einem anderen Abkömmling des Erblassers nach dem Leben trachtete oder sich eines Verbrechens oder eines schweren vorsätzlichen Vergehens gegen den Erblasser oder dessen Ehegatten schuldig machte.

> In aller Regel werden die Voraussetzungen für eine Pflichtteilsentziehung nicht vorliegen, da sie nur bei besonders schwerwiegenden Verfehlungen in Betracht kommt. Dennoch gibt es Möglichkeiten, Pflichtteilsansprüche zu mindern oder zu verhindern.

Erbverzichtsvertrag

Der sicherste, zugleich aber meist auch teuerste Weg, Pflichtteilsansprüche zu verhindern, ist der Abschluß eines **notariellen Erbvertrages**, in dem die Pflichtteilsberechtigten auf ihre Ansprüche verzichten. Hierzu sind sie allerdings oft nur bereit, wenn sie für den Verzicht finanziell abgefunden werden. Deshalb ist es angebracht, rechtzeitig mit diesen Angehörigen über einen Pflichtteilsverzicht zu sprechen und zu prüfen, ob die finanzielle Abgeltungsforderung akzeptabel ist.

Auch ohne Erbverzichtsvertrag können Pflichtteilsansprüche reduziert oder sogar ausgeschlossen werden. Das ist möglich, wenn der Pflichtteilsberechtigte eine Zuwendung mit der Bestimmung erhält, daß sie auf den Pflichtteil anzurechnen ist.

Beispiel: *Der Erblasser schenkt seinem Sohn zum Aufbau einer eigenen wirtschaftlichen Existenz 200.000 DM und bestimmt, daß dieser Betrag auf seinen Pflichtteil angerechnet wird.*

Zeitpunkt der Zuwendung

Tip Dabei ist allerdings zu beachten, daß diese Anrechnungsbestimmung spätestens mit der Schenkung erfolgen muß. Zu einem späteren Zeitpunkt kann der Schenkende die Zuwendung nicht mehr einseitig auf den Pflichtteil anrechnen. Es ist deshalb ratsam, die Anrechnungsbestimmung schriftlich abzufassen, mit dem Datum zu versehen und vom Pflichtteilsberechtigten durch Unterschrift bestätigen zu lassen.

Schenkungen

Auch Schenkungen oder Veräußerungen von Vermögenswerten gegen Verpflichtungen gegenüber dem Erblasser (z. B. Geldrentenzahlungen, Pflege- und Betreuungsverpflichtung) können Pflichtteilsansprüche reduzieren. Schenkungen bleiben jedoch nach dem Gesetz nur unberücksichtigt, wenn sie **mehr als zehn Jahre vor dem Erbfall** zurückliegen. Schenkungen zu

Gunsten des Ehepartners werden erst zehn Jahre nach Auflösung der Ehe nicht mehr angerechnet.

Pflichtteilsklausel
Sollen Kinder erst nach dem Tod beider Eltern erben, kann mit dieser Klausel meistens verhindert werden, daß sie bereits nach dem Tod eines Elternteils ihre Pflichtteilsansprüche geltend machen.

Beispiel: Falls eines unserer Kinder nach dem Tode des Erstversterbenden seinen Pflichtteil geltend macht, erhält es auch beim Tode des Längstlebenden nur den Pflichtteil.

In vielen Fällen führt diese Klausel dazu, daß es für die Kinder finanziell uninteressant wird, ihren Pflichtteil nach dem Tod des Erstverstorbenen zu beanspruchen.

Praktische Hinweise zur Gestaltung Ihrer Erbfolge

Von ausschlaggebender Bedeutung für die Errichtung Ihres Testaments sind Ihre **ganz persönlichen Lebensumstände**. Je nachdem, ob Sie ledig, verwitwet oder verheiratet sind, ob Sie Kinder oder andere Ihnen nahestehende Personen bedenken wollen, muß Ihr Testament unterschiedlich gestaltet werden.

Ledige und verwitwete Erblasser ohne Kinder

Bei ledigen und verwitweten Erblassern kommen als gesetzliche Erben in erster Linie die **Eltern** in Betracht, die allein und zu gleichen Teilen erben. Sie sind auch jeweils in Höhe von einem Viertel des Wertes der Erbschaft pflichtteilsberechtigt, die sonstigen Verwandten haben keine Pflichtteilsansprüche.

Der Alleinstehende wird diejenigen Personen testamentarisch bedenken wollen, die ihm im Leben am nächsten gestanden haben, zu denen er eine besondere Verbindung hatte, die ihm in bestimmten Lebenslagen Beistand leisten oder die er aus sonstigen Gründen besonders schätzt.

In diesen Fällen ist meist ein **Abweichen von der gesetzlichen Erbfolgeregelung** erforderlich. Nur selten entspricht sie den durch persönliche Wertschätzung geprägten Wünschen und Interessen eines Alleinstehenden.

Geht der Nachlaß an eine oder wenige Personen, sind diese unter Angabe der jeweiligen **Erbteilsquote** als Erben einzusetzen. Daneben sind Vermächtnisse möglich, um bestimmte Gegenstände oder Geldbeträge anderen Personen zukommen zu lassen.

> **Tip**
>
> **Auswahl der Erben**
> Zunächst sollte der Testierende überlegen, ob sein Nachlaß im wesentlichen einer oder wenigen Personen, einer Personenvereinigung, einer karitativen Einrichtung oder einer größeren Anzahl von Personen zukommen soll.

Will der Erblasser mehrere Personen nacheinander begünstigen, ist es meist zweckmäßig, einen **Vorerben und einen Nacherben** zu bestimmen. Nach dem Tod des Vorerben oder nach einer bestimmten Zeitdauer bzw. bei Eintritt einer festgelegten Bedingung (z. B. bei Volljährigkeit oder Heirat des Nacherben) verfügt dann der Nacherbe über den Nachlaß.

Soll der Nachlaß einem größeren Personenkreis zukommen, ist es unzweckmäßig, alle als Erben mit einer bestimmten Erbquote einzusetzen. Eine solche **Erbengemeinschaft** hätte große Mühe bei der gemeinschaftlichen Nachlaßverwaltung. Schwierigkeiten können auch bei der Aufteilung des Nachlasses unter den einzelnen Miterben auftreten. Deshalb ist es empfehlenswert, eine Person, die die größten Zuwendungen erhalten soll, als Alleinerben einzusetzen und die anderen Personen durch Vermächtnisse zu bedenken, die vom Alleinerben zu erfüllen sind.

> Will der Testierende seinen Nachlaß seinen Eltern zukommen lassen, sollte er für den Fall, daß die Eltern vor ihm sterben, einen Ersatzerben bestimmen.

Ledige und verwitwete Erblasser mit Kindern

Nach der gesetzlichen Erbfolgeregelung wird ein lediger oder verwitweter Erblasser mit Kindern von diesen **zu gleichen Teilen** beerbt, an die

Stelle vorverstorbener Kinder treten deren Nachkommen. Nichteheliche Kinder sind, von Ausnahmen abgesehen, (siehe Lexikonteil „Nichteheliches Kind") den ehelichen Kindern gleichgestellt. Ihnen stehen dieselben Erbrechte zu wie den ehelichen Kindern.

In der Regel wird die gesetzlich vorgesehene gleichmäßige Verteilung der Erbschaft auf die Kinder den Interessen und Wünschen des Erblassers entsprechen. Die Errichtung eines Testaments oder der Abschluß eines Erbvertrags ist dann nicht erforderlich.

Anders sieht es jedoch aus, wenn **neben den Kindern andere Personen** (z. B. der nichteheliche Lebenspartner, Verwandte oder Freunde) Zuwendungen erhalten sollen oder eines der Kinder besonders zu bedenken ist, beispielsweise, weil es besonders bedürftig oder dem Erblasser in spezieller Weise verbunden ist, oder weil das Erbrecht eines der Kinder reduziert oder ausgeschlossen werden soll.

Falls ein **nichtehelicher Lebenspartner** bedacht werden soll, bietet es sich an, ihn als Vorerben, die Kinder als Nacherben einzusetzen. Der Nachlaß kommt dann zu einem späteren Zeitpunkt den Kindern zugute und bleibt im Familienbesitz, dennoch ist der nichteheliche Lebenspartner mit dieser Anordnung meist ausreichend abgesichert.

Zuwendungen an Verwandte oder Freunde werden zweckmäßigerweise durch Vermächtnisse angeordnet. Die Besser- bzw. Schlechterstellung eines der Kinder ist möglich, indem die Erbteilsquote entweder erhöht oder vermindert wird.

Tip

Keine Änderung der Erbfolgeregelung

Verwitwete Erblasser müssen bei der Gestaltung eines Testaments prüfen, ob sie nicht bereits früher ein gemeinschaftliches Testament errichtet oder einen Erbvertrag abgeschlossen haben. Ist dies der Fall, können Sie die einmal getroffene gemeinschaftliche Erbfolgeregelung nicht mehr beliebig verändern. Zu berücksichtigen ist vielmehr die Bindungswirkung bei gemeinschaftlichen Testamenten und Erbverträgen.

Verheiratete Erblasser ohne Kinder

Gesetzliche Erben verheirateter Erblasser ohne Kinder sind der überlebende Ehegatte und die Eltern, Großeltern und die Geschwister mit ihren Nachkommen.

Lebten die Ehegatten in **Zugewinngemeinschaft**, erbt der Ehegatte nach der gesetzlichen Erbfolgeregelung drei Viertel. Bestand notariell vereinbarte Gütertrennung oder Gütergemeinschaft, wird der Ehegatte zur Hälfte gesetzlicher Erbe. Der jeweils verbleibende Erbteil fällt an die Eltern des Erblassers. Wenn diese nicht mehr leben, erben statt dessen deren Nachkommen (d. h. die Geschwister des Erblassers und deren Abkömmlinge) oder die Großeltern. Gibt es keine dieser Erben, ist der überlebende Ehegatte gesetzlicher Alleinerbe.

Pflichtteilsberechtigt sind die Eltern des Erblassers und der Ehegatte, den sonstigen Verwandten stehen keine Pflichtteilsansprüche zu.

> Ehegatten sollten sich entscheiden, ob sie in getrennten Einzeltestamenten, die jederzeit aufheb- und abänderbar sind, ihren letzten Willen niederlegen oder ein gemeinschaftliches Testament mit gewissen Bindungswirkungen errichten wollen.

Im allgemeinen wird es **im beiderseitigen Interesse** der Eheleute liegen, ein gemeinschaftliches Testament zu errichten. Eine Änderung, die wechselbezügliche Verfügungen betrifft, ist dann ohne Wissen des anderen Ehegatten nicht möglich. Die Bindungswirkung des gemeinschaftlichen Testaments erfordert zu Lebzeiten beider Eheleute nur, daß ein Widerruf dem anderen durch eine notariell beurkundete Widerrufserklärung zugeht. Mit dem Widerruf wird zugleich die wechselbezügliche letztwillige Verfügung des anderen unwirksam.

Ändern sich die Verhältnisse, die zur Testamentserrichtung geführt haben, ist somit ein Widerruf zu Lebzeiten beider jederzeit möglich. Die Ehegatten können aber natürlich auch ohne Notar das gemeinschaftliche Testament **einverständlich aufheben**, z. B. indem sie das alte Testament vernichten oder durch ein neues ersetzen. Eine stärkere Bindung an das gemeinschaftliche Testament tritt erst dann ein, wenn einer der Ehegatten stirbt, da er auf die Gültigkeit seiner Verfügung nach seinem Tod vertraute.

Wünschen die Ehegattten keine solche Bindung, bleibt ihnen die Möglichkeit, für die Zeit nach dem Tod des Erstversterbenden keine Regelung zu treffen und sich lediglich gegenseitig als Erben einzusetzen.

Meist ist es Ziel der Eheleute, den jeweils Überlebenden als **Alleinerben** einzusetzen, um ihn für den Todesfall abzusichern. Pflichtteilsansprüche der Eltern sind dabei gewöhnlich nicht besonders zu berücksichtigen, da sie im Erbfall aufgrund des höheren Alters der Eltern eher unwahrscheinlich sind. Außerdem betragen sie in der Regel lediglich ein Achtel des Wertes des Nachlasses.

Bei der gegenseitigen Erbeinsetzung sollten die Eheleute allerdings überlegen, ob der Längerlebende über den ihm zufallenden Nachlaß bei seinem Tode frei verfügen kann. Manchmal ist es sinnvoll, den Erben als **befreiten Vorerben** und die eigenen Verwandten als Nacherben nach dem Tode des Vorerben einzusetzen, besonders, wenn Gegenstände aus dem jeweiligen Familienbesitz vorhanden sind.

> **Wechselbezügliche Verfügung**
>
> Bei einem gemeinschaftlichen Testament sollten die Ehegatten darauf achten, daß Verfügungen, bei denen ein Abhängigkeitsverhältnis gewünscht wird, als wechselbezügliche Verfügung bezeichnet werden. Umgekehrt ist auch deutlich zu machen, welche Verfügungen nicht wechselbezüglich und damit jederzeit abänderbar sind. So lassen sich spätere Meinungsverschiedenheiten ausschließen.
>
> **Tip**

> **Familienbesitz** kann auch bewahrt werden, wenn Vermächtnisse zugunsten der Verwandten des Erstversterbenden, eventuell bedingt durch den Tod des Längerlebenden, getroffen werden, oder wenn Verwandte als Schlußerben vorgesehen sind.

Verheiratete Erblasser mit Kindern

Gesetzliche Erben verheirateter Erblasser mit Kindern sind der Ehegatte und die Kinder. Wenn die Ehegatten im gesetzlichen **Güterstand der**

> **Tip**
>
> **Berliner Testament**
> Eheleute mit Kindern möchten oft den längerlebenden Ehegatten finanziell absichern und die ganze Erbschaft nach dem Tod des Letztversterbenden den gemeinsamen Kindern zukommen lassen. Für diese Erbfolge eignet sich das sogenannte Berliner Testament. Dabei setzen sich die Ehegatten in einem gemeinschaftlichen Testament gegenseitig als Erben ein und bestimmen ihre Kinder als Schlußerben.

Zugewinngemeinschaft lebten, was meist der Fall ist, erbt der überlebende Ehegatte zur Hälfte, die andere Hälfte des Nachlasses erben die Kinder zu gleichen Teilen. Pflichtteilsansprüche haben der Ehegatte und die Kinder jeweils in Höhe der Hälfte des Wertes des gesetzlichen Erbteils.

Dabei ergibt sich aber folgendes Problem: Beim ersten Todesfall sind die Kinder enterbt und haben **Pflichtteilsansprüche, die nach drei Jahren verjähren.** Der überlebende Ehegatte muß deshalb damit rechnen, unmittelbar nach dem Tod seines Ehepartners mit diesen Ansprüchen konfrontiert zu werden und dadurch in nicht unerhebliche Liquiditätsprobleme zu geraten.

> Das Berliner Testament sollte deshalb immer die sogenannte Pflichtteilsklausel enthalten. Sie kann die Geltendmachung der Pflichtteilsansprüche zwar nicht ausschließen, aber wirtschaftlich weniger interessant machen.

Diese Wirkung läßt sich noch verstärken, wenn die Abkömmlinge, die keinen Pflichtteil beanspruchen, eine **Zuwendung** erhalten. Das kann in Form eines Geldvermächtnisses geschehen, das dem jeweiligen gesetzlichen Erbteil entspricht und bis zum zweiten Erbfall gestundet wird. In diesem Fall verringert sich sowohl der Nachlaß des letztversterbenden Ehegatten als auch der Pflichtteilsanspruch.

Beispiel: Falls eines unserer Kinder nach dem Tod eines Elternteils seinen Pflichtteil geltend macht, bekommt es auch beim Tod des zweiten nur den Pflichtteil. Außerdem erhalten die Kinder, die beim Tod des Erstversterbenden den Pflichtteil nicht beanspruchen, ein Geldvermächtnis in Höhe des Werts ihres gesetzlichen Erbteils, das mit dem Tod des Letztversterbenden fällig wird.

Bei der Abfassung des Testamentes ist auch zu überlegen, ob und wie sich eine mögliche **Wiederverheiratung des überlebenden Ehegatten**

So gestalte ich meine Erbfolge

bei der Erbfolgeregelung auswirken soll. In gemeinschaftlichen Testamenten finden sich nicht selten sogenannte Wiederverheiratungsklauseln, die die Erbeinsetzung des Überlebenden im Falle einer erneuten Heirat aufheben.

Das Berliner Testament schafft die Gewißheit für beide Ehepartner, daß der jeweils Längerlebende zum Alleinerben berufen und **finanziell soweit als möglich abgesichert ist.** Außerdem sind nach dem Tod des Erstversterbenden die gemeinsamen Kinder bedacht.

Nachteilig ist jedoch die starre Bindung an die Erbeinsetzung der Kinder. Bei unvorhergesehenen späteren Entwicklungen und Entfremdungen hat der überlebende Ehegatte keine Möglichkeit, die Erbfolge nach seinem Tod den veränderten Umständen anzupassen. Falls sich Kinder z. B. undankbar zeigen, den Längerlebenden nicht ausreichend unterstützen oder sich nachträglich besondere Zuwendungen verdienen, kann die frühe Festlegung ein gravierender Nachteil sein.

Statt der gegenseitigen Erbeinsetzung ist es gelegentlich sinnvoll, nicht zuletzt **aus steuerlichen Gründen,** die gesetzliche Erbfolgeregelung zu belassen oder den Längerlebenden lediglich mit einem Nießbrauchs- oder Rentenvermächtnis zu bedenken. Dies läßt sich damit verbinden, daß eine Erbauseinandersetzung ausgeschlossen und der Ehegatte als Testamentsvollstrecker eingesetzt wird. Doch über steuerliche Ersparnisse allein sollte das Hauptziel der Testamentsgestaltung nicht aus den Augen verloren werden: **die finanzielle Absicherung des Ehegatten.**

> **Tip**
>
> **Gestaltungsspielraum**
> Bei Zuwendungen an die gemeinsamen Kinder nach dem Tod des zweiten Elternteils sollte immer ein gewisser Gestaltungsspielraum verbleiben. Dabei bietet sich an, den Ehegatten als Vorerben und die Kinder als Nacherben einzusetzen. In diesem Fall kann der Längerlebende über seinen eigenen Nachlaß beliebig verfügen. Es ist lediglich festgelegt, daß der Nachlaß des Verstorbenen auf die Kinder übergeht. Im gemeinschaftlichen Testament kann dem überlebenden Ehegatten aber auch vorbehalten bleiben, die Einsetzung der Kinder als Schlußerben einseitig nach Belieben, unter bestimmten Voraussetzungen oder in einem bestimmten Umfang abzuändern.

Testamentsmuster

- **Testamente, Muster für Alleinstehende**

Einsetzung eines Alleinerben, Rentenvermächtnis

Testament

Mein Sohn Gerhard wird nach meinem Tod mein Alleinerbe. Meiner Tochter Henriette vermache ich eine lebenslängliche Rente in Höhe der Hälfte des Mietertrags des Miethauses in Aalstadt. Vom Mietertrag dürfen Verwaltungskosten, Steuern des Hauses und Reparatur- oder Erhaltungskosten, auch notwendige, nicht abgezogen werden. Gerhard darf das Miethaus an Dritte nur mit Zustimmung von Henriette und nur gegen Zahlung einer angemessenen Abfindung verkaufen.

Hamburg, den 14. November 1997 Peter Müller

Freundin als Vorerbin, Kinder als Nacherben

Testament

Ich setze meine Freundin Andrea Hagen zu meiner alleinigen Vorerbin ein. Nacherben nach ihrem Tod sind meine Kinder Maria, Irene und Dieter, jeweils zu einem Drittel.

Für den Fall, daß eines meiner Kinder nach meinem Tod von Andrea den Pflichtteil fordert, ist es nicht zur Nacherbschaft berufen. Sein Erbteil wächst dann zu gleichen Teilen den anderen Kindern zu.

Dortmund, den 28. Februar 1998 Peter Müller

Kinder als Erben, Teilungsanordnung

Testament

Meine Kinder Christine und Norbert setze ich zu meinen Erben jeweils zu einem Halb ein. Die Erbschaft ist wie folgt aufzuteilen:

Christine erhält das Einfamilienhaus in Bedorf, Norbert erhält das Miethaus in Aalstadt, ansonsten können sie den Nachlaß beliebig verteilen. Der Anrechnungswert der Häuser wird, wenn meine Kinder sich nicht einigen können, durch Sachverständigengutachten ermittelt.

Düsseldorf, den 22. April 1998   Peter Müller

- **Testamente, Muster für Eheleute ohne Kinder**

Einsetzung des Ehegatten zum Alleinerben, Ersatzerbe

Testament

Mein Ehegatte Peter ist nach meinem Tod mein Alleinerbe. Ersatzerben sind meine Geschwister Ferdinand und Liselotte zu gleichen Teilen, deren Ersatzerben sind deren jeweilige gesetzliche Erben.

Gelsenkirchen, den 15. April 1998   Barbara Meier

Ehegatte als Vorerbe, Geschwister als Nacherben, Wiederverheiratungsklausel

Testament

Mein Ehegatte Peter ist mein alleiniger Vorerbe. Er ist von allen gesetzlichen Beschränkungen befreit, von denen Befreiung erteilt werden kann. Nach seinem Tod oder für den Fall seiner Wiederverheiratung sind meine Geschwister Berta, Martha und Dieter jeweils zu einem Drittel seine Nacherben. Ersatzerben der Nacherben sind deren Abkömmlinge zu gleichen Teilen.

Stuttgart, den 16. Mai 1998   Barbara Müller

Bruder als Alleinerbe, Nießbrauchsvermächtnis für Ehefrau, eingeschränkte Wiederverheiratungsklausel

Testament

Mein Bruder Thomas wird nach meinem Tod mein Alleinerbe. Seine Ersatzerben sind seine gesetzlichen Erben.

Meine Ehefrau Barbara erhält als Vermächtnis den alleinigen Nießbrauch an meinem gesamten Nachlaß bis zu ihrem Tod. Für den Fall ihrer Wiederverheiratung erlischt ihr Nießbrauchsrecht an den Erbschaftsgegenständen, die ich von meinen Eltern geerbt habe.

Kaiserslautern, den 5. November 1998　　　　　　Peter Müller

Gegenseitige Erbeinsetzung, Rentenvermächtnis

Testament

Wir setzen uns gegenseitig zu Alleinerben ein. Diese Verfügungen sind wechselbezüglich.

Der Überlebende ist mit dem Vermächtnis belastet, an die Eltern des Verstorbenen monatlich eine Rente in Höhe von DM 800,- zu zahlen. Diese Rente vermindert sich auf DM 500,-, wenn lediglich ein Elternteil den vorverstorbenen Ehegatten überlebt.

Frankfurt, den 4. Juli 1998　　　　　　Barbara Meier
Frankfurt, den 4. Juli 1998　　　　　　Peter Meier

Gegenseitige Erbeinsetzung, Bestimmung der Erben und Vermächtnisnehmer nach dem Tode des letztversterbenden Ehegatten

> **Gemeinschaftliches Testament**
>
> *I.*
> *Wir setzen uns gegenseitig zu Alleinerben ein. Diese Verfügungen sind wechselbezüglich.*
>
> *II.*
>
> 1. *Erben nach dem Tod des letztversterbenden Ehegatten und bei gleichzeitigem Tod sind:*
>
>   *Frau Emma Geiger, Werner-Schwidder-Str. 28, Dortmund, zu 1/2 und die Herren:*
>
>   *Steffen Walter, Oltenstr. 23, Böblingen*
>   *Holger Walter, Siegburgstr. 34, Böblingen*
>   *und Gerd Andersen, Werenstr. 2, Aschaffenburg*
>
>   *jeweils zu 1/6.*
>
>   *Als Ersatzerbe für Emma Geiger wird Herr Volkmar Olten in Gera, Berliner Str. 2, eingesetzt.*
>
> 2. *Vermächtnisse*
>
>   *Der Nachlaß nach dem Tod des letztversterbenden Ehegatten und bei gleichzeitigem Tod der Ehegatten ist mit folgenden Vermächtnissen belastet:*
>
>   a) *Als Vorausvermächtnis erhält Emma Geiger das Haus in der Walter-Berger-Str. 30 in Stuttgart samt Wohnungseinrichtung. Holger Walter erhält als Vorausvermächtnis das Brillantcollier, Gerd Andersen erhält als Vorausvermächtnis die goldene Taschenuhr. Steffen Walter erhält als Vorausvermächtnis die Brosche mit rechteckigem Topas und den Ring mit goldfarbenem Topas.*
>
>   b) *Als Vermächtnis erhält Werner Olten das Wochenendhaus mit Grundstück in Schwäbisch-Gmünd. Beate Bendina in Leipzig, Salzstr. 1, erhält als Vermächtnis den Ring mit quadratischem Amethyst. Manfred Lorenz in Dresden, Darwinstr. 2, erhält als Vermächtnis die Bibliothek.*

3. Die Verfügungen für den Tod des letztversterbenden Ehegatten und bei gleichzeitigem Tod sind nicht wechselbezüglich. Jeder Ehegatte ist berechtigt, diese Verfügungen durch neue letztwillige Verfügungen abzuändern.

Stuttgart, den 18. August 1998   Peter Müller
Stuttgart, den 18. August 1998   Barbara Müller

- **Testamente, Muster für Eheleute mit Kindern**

Ehegatte als Alleinerbe, Vermächtnis zugunsten der Kinder

Testament

Meine Ehegattin Barbara wird nach meinem Tod meine Alleinerbin. Unsere Kinder Rolf und Bettina erhalten jeweils einen Anspruch gegen Barbara auf Zahlung eines Achtels des Werts der Erbschaft, fällig drei Jahre nach meinem Tod. Ersatzerben meiner Ehegattin sind unsere Kinder Rolf und Bettina zu gleichen Teilen.

Hannover, den 24. Januar 1998   Peter Müller

Ehegatte als Alleinerbe, aufschiebend bedingtes Vermächtnis zugunsten der Kinder, Pflichtteilsklausel

Testament

Meine Ehegattin Barbara wird nach meinem Tod meine Alleinerbin.

Unsere Kinder Rainer, Thomas und Franziska erhalten gegen Barbara einen Vermächtnisanspruch jeweils in Höhe eines Drittels des Wertes der Erbschaft. Unsere Kinder können ihren Vermächtnisanspruch jedoch erst nach dem Tod von Barbara gegen deren Erben geltend machen.

Barbara ist nach meinem Tod unseren Kindern gegenüber verpflichtet, den Wert des Nachlasses zu ermitteln und unseren Kindern bekanntzugeben. Sollte eines unserer Kinder seinen Pflichtteil von Barbara verlangen, gilt das zu seinen Gunsten angeordnete Vermächtnis als nicht angeordnet. Der Vermächtnisanspruch wächst dann den verbleibenden Kindern zu.

Ersatzerben für Barbara sind unsere Kinder jeweils zu einem Drittel.

Karlsruhe, den 27. Mai 1998   Peter Müller

Ehegatte als Vorerbe, Kinder als Nacherben

Testament

Meine Gattin Barbara ist nach meinem Tod meine alleinige Vorerbin. Sie ist von allen gesetzlichen Beschränkungen befreit. Nacherben nach ihrem Tod oder für den Fall ihrer Wiederverheiratung sind meine Kinder Rolf, Peter und Christine jeweils zu einem Drittel.

Pirmasens, den 29. Oktober 1998   Peter Müller

Gegenseitige Erbeinsetzung, Kinder als Schlußerben, Pflichtteilsklausel, Bestimmung der Ersatzerben

Gemeinschaftliches Testament

1. Wir setzen uns gegenseitig zu alleinigen Vollerben ein. Erben nach dem Tod des zuletzt versterbenden Ehegatten sind unsere Kinder zu gleichen Teilen.

2. Ersatzerben unserer Kinder sind deren Kinder. Nicht zur Ersatzerbin ist Monika Vetter, die Tochter unseres Sohnes Manfred, berufen. Ihr Anteil wächst, soweit andere Kinder von Manfred vorhanden sind, diesen Kindern zu. Wenn keine anderen Kinder von Manfred vorhanden sind, wächst ihr Anteil unseren anderen Kindern zu gleichen Teilen zu. Manfred ist es unbenommen, Monika zu seiner Erbin einzusetzen.

3. Sollte einer der Pflichtteilsberechtigten Pflichtteilsansprüche geltend machen, erhält er beim Tod des Letztversterbenden ebenfalls nur den Pflichtteil.

4. Alle diese Verfügungen sind wechselbezüglich.

Leipzig, den 10. August 1998   Peter Müller
Leipzig, den 10. August 1998   Barbara Müller

Gegenseitige Erbeinsetzung, Tochter als alleinige Schlußerbin, Vermächtnisse zugunsten des Sohnes

Gemeinschaftliches Testament

I.

Wir setzen uns gegenseitig zu alleinigen Vollerben ein. Diese Verfügungen sind wechselbezüglich.

II.

1. Alleinerbin nach dem Tod des zuletzt versterbenden Ehegatten ist unsere Tochter Irene.

2. Franz hat im Jahre 1988 bereits DM 80.000,– zum Zwecke der vorweggenommenen Erbfolge erhalten, ferner seine Ausbildung von uns finanziert bekommen. Er erhält des weiteren als Vermächtnis folgende Grundstücke:

Freiburg: Junkermatte, Wiese, Lagebuchnummer 12230
Freiburg: Junkermatte, Acker, Lagebuchnummer 12219
Freiburg: Junkermatte, Wiese, Lagebuchnummer 12219/1.

3. Ersatzvermächtnisnehmer von Franz sind seine Kinder Ferdinand und Stephan.

4. Diese Verfügungen sind nicht wechselbezüglich. Der Überlebende ist in der Testierfreiheit über seinen Nachlaß nicht beschränkt und kann die vorbezeichneten Verfügungen abändern.

III.

Sollte einer der Pflichtteilsberechtigten beim Tod des Erstversterbenden Pflichtteilsansprüche geltend machen, erhält er beim Tod des Letztversterbenden ebenfalls nur den Pflichtteil.

Freiburg, den 26. 5. 1998   Peter Müller
Freiburg, den 26. 5. 1998   Barbara Müller

Vor- und Nacherbschaft

Gemeinschaftliches Testament

Der Erstversterbende von uns beruft den Überlebenden zu seinem von allen gesetzlichen Beschränkungen befreiten Vorerben. Nacherben nach dem Tod des Vorerben oder für den Fall dessen Wiederverheiratung sind unsere Kinder zu gleichen Teilen. Sollte eines der Kinder beim Tod des Erstversterbenden Pflichtteilsansprüche geltend machen, ist es nicht zur Nacherbfolge berufen und erhält beim Tod des Letztversterbenden ebenfalls nur den Pflichtteil. Sein Anteil wächst dann den anderen Kindern zu gleichen Teilen zu. Diese Verfügungen sind wechselbezüglich. Der Überlebende ist in der Testierfreiheit über seinen nicht der Vorerbschaft unterliegenden Nachlaß mit Ausnahme der Pflichtteilsregelung nicht beschränkt.

Kassel, den 13. Oktober 1998   Peter Müller
Kassel, den 13. Oktober 1998   Barbara Müller

Gegenseitige Einsetzung zum Miterben und Testamentsvollstrecker, Ausschluß der Nachlaßauseinandersetzung

Gemeinschaftliches Testament

Wir setzen uns gegenseitig zu einem Halb als Erben ein. Erben der anderen Hälfte sind zu gleichen Teilen unsere Kinder Rolf, Mathias und Sabine. Die Nachlaßauseinandersetzung ist bis zum Tode oder bis zur Wiederverheiratung des Überlebenden gegen dessen Willen ausgeschlossen. Bis zu diesem Zeitpunkt ist der überlebende Ehegatte Testamentsvollstrecker. Diese Verfügungen sind wechselbezüglich. Die Testierfreiheit des überlebenden Ehegatten ist nicht beschränkt.

Kassel, den 10. April 1998   Peter Müller
Kassel, den 10. April 1998   Barbara Müller

• Testamente, Muster für nichteheliche Lebenspartner

Einsetzung des Lebenspartners als Alleinerbe, Vermächtnisse zugunsten der Geschwister

---

Testament

1. Ich setze meine Lebensgefährtin Barbara Meier zu meiner Alleinerbin ein.

2. Sie ist mit folgenden Vermächtnissen belastet:
   a) Meine Schwester Gisela erhält von ihr das Meißener Porzellan und das Tafelsilber meiner Großmutter, mein Bruder Friedrich erhält von ihr die goldene Uhr und die Briefmarkensammlung meines Großvaters.
   b) Meine Mutter und mein Vater erhalten jeweils einen Anspruch gegen Barbara auf Zahlung eines Viertels des Wertes der Erbschaft, fällig ein Jahr nach meinem Tod.

3. Sollte Barbara als Erbin ausfallen, sind meine Eltern ihre Ersatzerben. Deren Ersatzerben sind deren jeweilige gesetzliche Erben.

4. Für den Fall, daß wir unsere Lebensgemeinschaft auflösen, ist Barbara nicht mehr zu meiner Erbin berufen, die Vermächtnisse sind unwirksam, statt dessen gilt die gesetzliche Erbfolge.

Düsseldorf, den 15. 5. 1998   Peter Müller

Einsetzung der Lebenspartnerin als Vorerbin, Schwester als Nacherbin

---

Testament

1. a) Meine Lebensgefährtin Barbara Meier setze ich zu meiner Vorerbin ein.
   b) Nacherbin nach ihrem Tod ist meine Schwester Dorothea, ersatzweise deren gesetzliche Erben.

2. Die Erbeinsetzung von Barbara gilt nicht mehr, wenn wir unsere Lebensgemeinschaft auflösen. In diesem Fall ist Dorothea, ersatzweise deren gesetzliche Erben, als Vollerbin eingesetzt.

Pforzheim, den 23. 4. 1998   Peter Müller

Einsetzung eines Neffen als Erben, Vermächtnisse zugunsten des Lebenspartners und zugunsten von Geschwistern

Testament

1. Mein Patenkind Berthold ist zu meinem Alleinerben eingesetzt.
2. Er ist mit folgenden Vermächtnissen belastet:
   a) Mein Lebensgefährte Peter Müller erhält bis zu seinem Lebensende das Wohnrecht an der von uns genutzten Eigentumswohnung in Offenbach. Peter erhält ferner meinen gesamten Hausrat und mein Auto. Außerdem erhält er die bei der Deutschen Bank in Offenbach deponierten Wertpapiere und die dortigen Sparbuch- und Kontoguthaben.
   b) Meinen Schmuck erhält meine Schwester Gisela.
3. Ersatzerben von Berthold sind seine gesetzlichen Erben, Ersatzerbin von Gisela ist deren Tochter Monika. Sollte Peter bei meinem Tod nicht mehr leben, entfällt das zu seinen Gunsten angeordnete Vermächtnis.
4. Für den Fall, daß wir unsere Lebensgemeinschaft auflösen, ist das zugunsten von Peter verfügte Vermächtnis nicht mehr wirksam.

Offenbach, den 16. 5. 1998   Barbara Meier

Einsetzung des Lebenspartners als Vorerben und der Kinder als Nacherben

Testament

Mein Lebenspartner Peter Müller ist nach meinem Tod mein Vorerbe.

Nacherben nach seinem Tod sind unsere Kinder Elke und Heike zu gleichen Teilen. Die Einsetzung von Peter zum Vorerben gilt nicht mehr, wenn wir unsere Lebensgemeinschaft auflösen. In diesem Fall sind die Kinder zu gleichen Teilen Vollerben.

Für den Fall, daß eines meiner Kinder nach meinem Tod von Peter den Pflichtteil fordert, ist es nicht zur Erbschaft berufen. Sein Erbteil erhält dann meine andere Tochter. Wenn beide Kinder den Pflichtteil fordern, sind beide nicht mehr als Nacherben eingesetzt. Nacherbin ist dann meine Schwester Monika.

Donaueschingen, den 25. 4. 1998   Barbara Meier

Einsetzung des Lebenspartners und der Kinder als Erben

Testament

1. Meine Lebensgefährtin Barbara Meier ist zu einem Halb, meine Kinder Klaus und Edeltraud sind je zu einem Viertel als Erben eingesetzt.

2. Für den Fall, daß Barbara vor mir stirbt oder wir unsere Lebensgemeinschaft auflösen, sind nur meine Kinder Edeltraud und Klaus jeweils zu einem Halb zur Erbschaft berufen.

Offenburg, den 15. 2. 1998   Peter Müller

• Testamente, Muster für Unternehmer und Freiberufler

Unternehmertestament

Testament

1. Nach meinem Tod wird mein Sohn Albert, der schon längere Zeit maßgeblich in meinem Textilunternehmen mitwirkt, mein Alleinerbe.

2. Er ist mit folgenden Vermächtnissen belastet:

   a) Meine Gattin Barbara erhält bis zu ihrem Tod oder ihrer Wiederheirat das alleinige und unbeschränkte Wohnrecht an unserem Einfamilienhaus in Tuttlingen. Dieses Wohnrecht ist binnen sechs Monaten nach meinem Tod im Grundbuch einzutragen. Das Eigentum an dem Einfamilienhaus hat Albert binnen zwei Jahren nach der Eintragung des Wohnrechts auf meine weiteren Kinder Bernhard und Siegfried je zur Hälfte als Miteigentümer zu übertragen.

   b) Meine Gattin Barbara und meine Kinder Bernhard und Siegfried werden jeweils als stille Gesellschafter zu einem Achtel am Gewinn des Textilunternehmens beteiligt. Maßgebend ist dabei die Steuerbilanz. Eine Verlustbeteiligung der stillen Gesellschafter ist ausgeschlossen. Allein geschäftsführungsbefugt ist Albert. Die Steuerbilanz ist jeweils bis Ende Juni des darauffolgenden Jahres zu erstellen. Auf den zu erwartenden Gewinn sind vierteljährlich Vorauszahlungen entsprechend dem Anteil aus dem Gewinn der letzten Steuerbilanz an die stillen Gesellschafter zu leisten. Bis zur ersten Steuerbilanz nach meinem Tod ist die letzte Steuerbilanz vor meinem Tod maßgebend.

3. Für den Fall, daß meine Gattin vor mir stirbt, sich von mir scheiden läßt oder nach meinem Tod wieder heiratet, gelten die sie begünstigenden Vermächtnisse nicht.

Tuttlingen, den 11. April 1998   Peter Müller

Testament eines Freiberuflers

Testament

Nach meinem Tod werden meine Kinder Kerstin und Hans meine Alleinerben jeweils zur Hälfte. Hans ist als Testamentsvollstrecker eingesetzt und hat die Aufgabe, wie ihm bereits mündlich erläutert und schriftlich in den Anordnungen für den Fall meines Todes festgehalten, die erforderlichen Maßnahmen für die vorläufige Weiterführung und den Verkauf meiner Praxis durchzuführen.

Die Testamentsvollstreckung endet nach dem Verkauf der Praxis mit Empfang des Praxiserlöses, spätestens drei Jahre nach meinem Tode.

Meine Gattin Barbara erhält bis zu ihrem Tod oder ihrer Wiederverheiratung den Nießbrauch an meinem gesamten Nachlaß.

Augsburg, den 17. November 1998   Peter Müller

Testament eines Alleingesellschafters mit Kindern

Testament

I.

Alleinerbin ist meine Ehefrau Barbara.

II.

Zugunsten meiner Kinder ist meine Ehefrau mit folgenden Vermächtnissen belastet:

1. Mein Sohn Wolfgang soll meine Nachfolge als Unternehmer antreten und erhält als Vermächtnis sämtliche GmbH-Anteile an der A-GmbH.

2. Meine Tochter Sigrid erhält als Vermächtnis das Miethaus in Stuttgart und die Eigentumswohnung in München.

III.

Für den Fall, daß meine Ehefrau vor mir sterben sollte, sind meine Kinder Wolfgang und Sigrid meine Erben jeweils zur Hälfte. In diesem Fall gelten die unter Ziffer II. angeordneten Vermächtnisse als Vorausvermächtnisse.

Düsseldorf, den 1. Dezember 1998   Peter Müller

Erbvertragsmuster

Erbvertrag eines Alleinstehenden mit seiner Tochter

Erbvertrag

Verhandelt am 23. Juli 1998 in Karlsruhe

Vor Gernot Wender
 Notar in Karlsruhe

erschienen

1. Herr Peter Müller, Webergasse 8, Karlsruhe, geb. am 3. April 1918 in Hamburg,

2. dessen Tochter Henriette Lander, geb. Müller, Webergasse 8, Karlsruhe, geb. am 19. August 1947 in Karlsruhe,

beide zu meiner Gewißheit ausgewiesen durch Personalausweise Nr. .... und nach meiner Überzeugung, die ich in der mit ihnen geführten Unterredung gewonnen habe, voll geschäfts- und testierfähig.

Die Erschienenen erklärten, einen Erbvertrag errichten zu wollen und ersuchten um Beurkundung. In ununterbrochener Verhandlung bei gleichzeitiger und persönlicher Anwesenheit der Erschienenen beurkunde ich hiermit ihre mir mündlich abgegebenen Erklärungen gemäß folgendem

Erbvertragsmuster
I.

Ich, Peter Müller, bin in der freien Verfügung über meinen Nachlaß nicht beschränkt und widerrufe alle bisher errichteten Verfügungen von Todes wegen.

II.

Als Gegenleistung dafür, daß meine Tochter Henriette Lander, geb. Müller, mich in ihren Haushalt aufnimmt, versorgt und falls erforderlich pflegt, setze ich sie zu meiner Alleinerbin ein. Ihre gesetzlichen Erben sind ihre Ersatzerben.

Mein Sohn Gerhard erhält einen Vermächtnisanspruch in Höhe von 6/10 des Wertes seines gesetzlichen Erbteils, fällig ein Jahr nach meinem Tod. Ein Ersatzvermächtnis wird nicht angeordnet.

III.

Die Erbeinsetzung und die Ersatzerbeinsetzung sind vertragsmäßig und insoweit nicht abänderbar. Das Vermächtnis ist einseitig angeordnet und kann beliebig abgeändert werden.

Ich behalte mir für den Fall meines Ausscheidens aus dem Haushalt meiner Tochter wegen eines tiefgreifenden Zerwürfnisses vor, von diesem Vertrag durch notariell beurkundete Erklärung gegenüber meiner Tochter zurückzutreten. In diesem Fall erhält sie einen Vermächtnisanspruch in Höhe der Hälfte des Wertes der Erbschaft, fällig ein Jahr nach dem Erbfall. Diese Vermächtnisanordnung ist ebenfalls vertragsmäßig.

IV.

Henriette Lander nimmt die vertraglichen Verfügungen an.

V.

Die Kosten dieser Urkunde und ihrer amtlichen Verwahrung trägt Henriette Lander. Jeder Vertragsschließende erhält eine Ausfertigung der Vertragsurkunde.

Vom Notar vorgelesen, von den Beteiligten genehmigt und eigenhändig wie folgt unterschrieben:

Peter Müller   *Henriette Lander*

Gernot Wender, Notar

Erbvertrag von Ehegatten ohne Kinder

Erbvertrag

Verhandelt am 10. August 1997 in Karlsruhe

Vor Gernot Wender
   Notar in Karlsruhe

erschienen

1. Herr Peter Müller, Siegelstr. 7, Karlsruhe, geb. am 9. September 1935 in Karlsruhe,

2. dessen Ehefrau Barbara Müller, geb. Walz, Siegelstr. 7, Karlsruhe, geb. am 22. März 1938 in Karlsruhe,

beide zu meiner Gewißheit ausgewiesen durch Personalausweise Nr. .... und nach meiner Überzeugung, die ich in der mit ihnen geführten Unterredung gewonnen habe, voll geschäfts- und testierfähig.

Die Erschienenen erklärten, einen Erbvertrag errichten zu wollen und ersuchten um Beurkundung. In ununterbrochener Verhandlung bei gleichzeitiger und persönlicher Anwesenheit der Erschienenen beurkunde ich hiermit ihre mir mündlich abgegebenen Erklärungen gemäß folgenden

Erbvertrag

I.

Wir, Peter und Barbara Müller, sind in der freien Verfügung über unseren Nachlaß nicht beschränkt und widerrufen alle bisher errichteten Verfügungen von Todes wegen.

II.

Wir setzen uns gegenseitig zum alleinigen und ausschließlichen Erben ein. Nach dem Tod des Letztversterbenden sind unsere Geschwister jeweils zu gleichen Teilen zur Erbschaft berufen. Deren Ersatzerben sind deren jeweilige gesetzliche Erben.

III.

Diese Verfügungen sind vertragsmäßig und nicht abänderbar. Jeder Vertragsschließende kann für den Fall der Auflösung der Ehe oder wenn wegen Ehezerrüttung ein Scheidungsverfahren anhängig gemacht wurde, von diesem Vertrag durch notariell beurkundete Erklärung gegenüber dem anderen zurücktreten.

IV.

Diese Verfügungen werden von uns gegenseitig angenommen.

V.

Die Kosten dieser Urkunde und ihrer amtlichen Verwahrung tragen die Vertragsschließenden jeweils zur Hälfte. Von der Vertragsurkunde erhält jeder Vertragsschließende eine Ausfertigung.

Vom Notar vorgelesen, von den Beteiligten genehmigt und eigenhändig wie folgt unterschrieben:

Barbara Müller   *Peter Müller*

Gernot Wender, Notar

Erbvertrag von Ehegatten mit Kindern

Erbvertrag

Verhandelt am 17. Mai 1998 in Karlsruhe

Vor Gernot Wender
  Notar in Karlsruhe

erschienen

1. Peter Müller, Lieberstr. 112, Karlsruhe, geb. am 16. März 1930 in Karlsruhe,

2. dessen Ehefrau Barbara Müller, geb. Lender, Lieberstr. 112, Karlsruhe, geb. am 9. Oktober 1932 in Rastatt,

beide zu meiner Gewißheit ausgewiesen durch Personalausweise Nr. .... und nach meiner Überzeugung, die ich in der mit ihnen geführten Unterredung gewonnen habe, voll geschäfts- und testierfähig.

Die Erschienenen erklärten, einen Erbvertrag errichten zu wollen und ersuchten um Beurkundung. In ununterbrochener Verhandlung bei gleichzeitiger und persönlicher Anwesenheit der Erschienenen beurkunde ich hiermit ihre mir mündlich abgegebenen Erklärungen gemäß folgenden

Erbvertrag

I.

Wir, Peter und Barbara Müller, sind in der freien Verfügung über unseren Nachlaß nicht beschränkt und widerrufen alle bisher errichteten Verfügungen von Todes wegen.

II.

Wir setzen uns gegenseitig zum alleinigen und ausschließlichen Erben ein. Nach dem Tod des Letztversterbenden sind unsere gemeinsamen Kinder Ralf, Gerlinde und Gerhard zu gleichen Teilen zur Erbschaft berufen. Die aus erster Ehe stammende Tochter von Frau Barbara Müller, Gerda Gerler, erhält nach dem Tod des Letztversterbenden einen Vermächtnisanspruch gegen die Erben in Höhe eines Fünftels des Nachlasses.

Sollte eines unserer gemeinsamen Kinder beim Tod des Erstversterbenden Pflichtteilsansprüche geltend machen, erhält es beim Tod des Letztversterbenden ebenfalls nur den Pflichtteil. Das zugunsten Gerda Gerler angeordnete Vermächtnis wird unwirksam, wenn sie nach dem Tod ihrer Mutter Pflichtteilsansprüche geltend macht.

III.

Diese Verfügungen sind vertragsmäßig und nicht abänderbar. Jeder Vertragsschließende kann für den Fall der Auflösung der Ehe oder wenn ein Scheidungsverfahren rechtshängig wurde, von diesem Vertrag durch notariell beurkundete Erklärung gegenüber dem anderen zurücktreten.

IV.

Diese Verfügungen werden von uns gegenseitig angenommen.

V.

Die Kosten dieser Urkunde und ihrer amtlichen Verwahrung tragen die Vertragsschließenden jeweils zur Hälfte. Jeder Vertragspartner erhält eine Ausfertigung der Vertragsurkunde.

Vom Notar vorgelesen, von den Beteiligten genehmigt und eigenhändig unterschrieben:

Peter Müller   Barbara Müller

Gernot Wender, Notar

Erbvertrag von nichtehelichen Lebenspartnern mit Kindern

Erbvertrag

Verhandelt am 10. September 1997 in Karlsruhe

Vor Gernot Wender
  Notar in Karlsruhe

erschienen:

1. *Herr Peter Müller, Liebermannstr. 1, Karlsruhe, geboren am 10. Februar 1950 in Stuttgart*

2. *Frau Barbara Meier, Liebermannstr. 1, Karlsruhe, geboren am 5. Juli 1955 in Tübingen,*

beide zu meiner Gewißheit ausgewiesen durch Personalausweise Nr. .... und nach meiner Überzeugung, die ich in der mit ihnen geführten Unterredung gewonnen habe, voll geschäfts- und testierfähig.

Die Erschienenen erklärten, einen Erbvertrag errichten zu wollen und ersuchten um Beurkundung.

In ununterbrochener Verhandlung bei gleichzeitiger und persönlicher Anwesenheit der Erschienenen beurkunde ich hiermit ihre mir mündlich abgegebenen Erklärungen gemäß folgenden

Erbvertrag
I.

Wir, Peter Müller und Barbara Meier, sind in der freien Verfügung über unseren Nachlaß nicht beschränkt und widerrufen vorsorglich alle bisher eventuell errichteten Verfügungen von Todes wegen.

II.

Wir setzen uns gegenseitig zum alleinigen und ausschließlichen Erben ein. Erben nach dem Tod des zuletzt Versterbenden sind unsere Kinder Petra, Friedrich und Helmut zu gleichen Teilen. Deren Ersatzerben sind deren jeweilige gesetzliche Erben.

Sollte eines der Kinder beim Tod des Erstversterbenden Pflichtteilsansprüche geltend machen, erhält es beim Tod des Letztversterbenden ebenfalls nur den Pflichtteil. Sein Anteil wächst dann den anderen Kindern zu gleichen Teilen zu.

III.

Diese Verfügungen sind vertragsgemäß und nicht abänderbar.

Jeder Vertragsschließende kann für den Fall der Auflösung der nichtehelichen Lebensgemeinschaft von diesem Vertrag durch notariell beurkundete Erklärung gegenüber dem anderen zurücktreten. Die Auflösung der nichtehelichen Lebensgemeinschaft im Sinne dieser Bestimmung wird unwiderlegbar vermutet, wenn die Vertragsschließenden seit einem Jahr getrennt leben.

IV.

Diese Verfügungen werden von uns gegenseitig angenommen.

V.

Die Kosten dieser Urkunde und ihrer amtlichen Verwahrung tragen die Vertragsschließenden je zur Hälfte. Von der Vertragsurkunde erhält jeder Vertragsschließende eine Ausfertigung.

Von dem Notar vorgelesen, von den Beteiligten genehmigt und eigenhändig wie folgt unterschrieben:

Peter Müller   *Barbara Meier*

Gernot Wender, Notar

Das neue Erbschaftsteuerrecht

Der Erbschaft- und Schenkungsteuer unterliegen solche Vermögenswerte, die durch Schenkung übertragen oder beim Tod einer Person übergehen. Dabei werden alle von derselben Person anfallenden Vermögenswerte innerhalb der **letzten zehn Jahre zusammengerechnet** (§ 14 des Erbschaft- und Schenkungsteuergesetzes).

Die **Höhe** der anfallenden Erbschaft- und Schenkungsteuer hängt von dem Wert des Vermögens, das übertragen wird, der **Steuerklasse**, in die der Erbe einzustufen ist sowie dem **persönlichen Steuerfreibetrag** des Erben und den in Frage kommenden **Steuerfreibeträgen** ab.

> **Tip**
> **Schenkungen**
> Schenkungen, die länger als 10 Jahre zurückliegen, werden bei der Erbschaftsteuer nicht angesetzt.

Bei der **Ermittlung des anzusetzenden Wertes**[1] werden nach der **seit dem 1.1.1996** geltenden gesetzlichen **Regelung** Gebäude grundsätzlich nach ihrem **Ertragswert** bewertet. Er beträgt das **12,5-fache der im Durchschnitt der letzten drei Jahre erzielten Jahresmiete** (Netto-Kaltmiete ohne Heizungskosten und andere Betriebskosten).

Bei **selbstgenutzten oder an Angehörige vermieteten Gebäuden** ist von der üblichen Miete für vergleichbare Grundstücke auszugehen.

Von dem so ermittelten Wert ist eine Wertminderung wegen des Alters des Gebäudes in Höhe von 0,5 % für jedes Jahr, höchstens jedoch 25 %, abzuziehen.

Das Ertragswertverfahren gilt für alle Grundstücke, für die eine Miete bezahlt wird oder die grundsätzlich vermietbar sind, also für Mietwohngrundstücke, Einfamilienhäuser, Zweifamilienhäuser, Eigentumswohnungen, Gewerbeobjekte und gemischt genutzte Objekte, wobei für Ein- und Zweifamilienhäuser sowie für Eigentumswohnungen ein Bewertungszuschlag von 20 % hinzuaddiert wird.

---

[1] Im einzelnen hierzu Paus, Erben, vererben und das Finanzamt, 6. Aufl. 1998, S. 37 ff.

Da der Marktwert eines Hauses oder einer Wohnung in der Regel das 20- bis 25fache der Jahresmiete beträgt, werden Häuser und Wohnungen bei der Ermittlung des Wertes einer Erbschaft meist nur mit ca. 50–70 % des tatsächlichen Wertes angesetzt.

Unbebaute Grundstücke werden mit den um 20 % ermäßigten Bodenrichtwerten der Gutachterausschüsse bewertet. Wenn vom Erben ein niedrigerer tatsächlicher Wert nachgewiesen wird, ist dieser maßgebend.

Fabrikgebäude und andere Gebäude, für die eine übliche Miete nicht zu ermitteln ist, sind mit dem Wert, mit dem sie in der Steuerbilanz ausgewiesen sind, anzusetzen. In diesem Fall ist der Bodenwert gesondert in Höhe von 70 % des Bodenrichtwertes anzusetzen.

Renten und wiederkehrende Nutzungen, beispielsweise Nießbrauchsrechte, werden mit ihrem Kapitalwert berücksichtigt. Der Kapitalwert einer lebenslänglichen Nutzung oder Leistung errechnet sich aus ihrem Jahreswert und einem Multiplikator, der vom Lebensalter und – wegen der unterschiedlichen Lebenserwartung – vom Geschlecht abhängt.

> Nach der Ermittlung des anzusetzenden Wertes der Erbschaft, zu dem auch die geschenkten Vermögenswerte innerhalb der letzten zehn Jahre vor dem Todesfall hinzuzurechnen sind, kann die Höhe der anfallenden Erbschaft- und Schenkungsteuer anhand der Tabellen auf den folgenden Seiten abgeschätzt werden.

Steuerklassen

Anstelle von früher vier Steuerklassen gibt es nach dem neuen Erbschaft- und Schenkungsteuergesetz **nur noch drei Steuerklassen**, wobei die Zuordnung zu den einzelnen Steuerklassen wie bisher nach dem Verwandtschaftsgrad zum Erblasser erfolgt.

Steuerklasse	Personenkreis
I	Ehegatte, Kinder und Stiefkinder, die Abkömmlinge von Kindern und Stiefkindern sowie – beim Erwerb von Todes wegen – die Eltern und Voreltern.
II	Geschwister und deren Abkömmlinge ersten Grades, Stiefeltern, Schwiegerkinder und Schwiegereltern, der geschiedene Ehegatte sowie – bei Schenkungen – die Eltern und Voreltern.
III	Alle übrigen Erwerber sowie Zweckzuwendungen.

Steuerbefreiungen und Steuerfreibeträge

Persönliche Freibeträge

Nach § 16 Abs. 1 des Erbschaftsteuergesetzes stehen den jeweiligen Erben folgende Freibeträge, die der Schenkung und Erbschaftsteuer nicht unterliegen, zu:

Steuerklasse	Steuerpflichtige	Steuerfreibetrag
I	Ehegatten	600.000
I	Kinder, Stiefkinder sowie Kinder vorverstorbener Kinder und Stiefkinder	400.000
I	Alle übrigen Erben oder Beschenkten der Steuerklasse I	100.000
II	Personen nach Steuerklasse II	20.000
III	Personen nach Steuerklasse III	10.000

Zusätzlich zu diesen allgemeinen Freibeträgen stehen dem Ehegatten und den Kindern nach § 17 des Erbschaftsteuergesetzes, allerdings nur im Erbfall und nicht bei Schenkungen, der Versorgungsfreibetrag zu, der für Ehegatten DM 500.000,– beträgt und für Kinder, je nach Alter, bis zu DM 100.000,–. Die genaue Höhe kann der nachfolgenden Tabelle entnommen werden:

	Versorgungsfreibetrag
Ehegatten	500.000
Kinder bis zu 5 Jahren	100.000
Kinder bis zu 10 Jahren	80.000
Kinder bis zu 15 Jahren	60.000
Kinder bis zu 20 Jahren	40.000
Kinder bis zu 27 Jahren	20.000

Der Versorgungsfreibetrag kann allerdings reduziert sein, wenn dem Erben Versorgungsbezüge zustehen. So wird der Versorgungsfreibetrag des Ehegatten, dem aus Anlaß des Todes des Erblassers nicht der Erbschaftsteuer unterliegende Versorgungsbezüge, beispielsweise eine Rente, zustehen, um den Kapitalwert der Versorgungsbezüge gekürzt. Auch der Versorgungsfreibetrag eines Kindes wird um den Kapitalwert von Versorgungsbezügen gekürzt, wenn dem Kind aus Anlaß des Todes des Erblassers nicht der Erbschaftsteuer unterliegende Vermögensbezüge zustehen. Bei der Berechnung des Kapitalwertes der Versorgungsbezüge ist von der voraussichtlichen Dauer der Versorgungsbezüge auszugehen, die im Zeitpunkt des Erbanfalls zu erwarten ist.

Zugewinnausgleichsfreibetrag

Außerdem steht dem Ehegatten, wenn die Eheleute im Güterstand der Zugewinngemeinschaft lebten, der → *Ehegattenfreibetrag* bei Zugewinngemeinschaft zu. Danach wird der Geldbetrag nicht der Erbschaftsteuer unterworfen, den der überlebende Ehegatte als Zugewinnausgleich von seinem Ehepartner hätte beanspruchen können.

Steuerbefreiungen

Hausrat einschließlich Wäsche und Bekleidungsstücke bleiben beim Erwerb durch Personen der Steuerklasse I bis zum Betrag von DM 80.000,– steuerfrei. Zu versteuern ist jeweils nur der übersteigende Wert. Der Freibetrag für andere bewegliche Gegenstände beträgt für Personen der Steuerklasse I DM 20.000,–.

Beim Erwerb von Hausrat steht Personen der Steuerklasse II und III ein Freibetrag von insgesamt DM 20.000,– zu, für andere bewegliche Gegenstände DM 2.000,–.

Weitere, teilweise umfangreiche Steuerbefreiungen sind in § 13 ErbStG geregelt. Die Einzelheiten können dem im Anhang abgedruckten Gesetzestext entnommen werden.

Betriebsvermögen

Betriebsvermögen, Anteile an einer Kapitalgesellschaft, an der der Erblasser oder Schenker zu einem Viertel beteiligt war sowie Betriebe der Land- und Forstwirtschaft unterliegen nach § 13a des Erbschaftsteuergesetzes, von im Gesetz im einzelnen geregelten Ausnahmen abgesehen, bis zu einem Wert von DM 500.000,– nicht der Erbschaft- und Schenkungsteuer. Der darüber hinausgehende Wert wird nur mit 60 % angesetzt. Außerdem wird dieses betriebliche Vermögen nach § 19a des Erbschaftsteuergesetzes beim Erwerber stets nach dem günstigen Tarif I versteuert, auch wenn der Erwerber ansonsten in der Tarifgruppe II oder III einzustufen ist.

Steuertarif

Der zu zahlende prozentuale Steuersatz hängt von der Steuerklasse des Erben sowie dem anzusetzenden Wert der Erbschaft nach Abzug der Freibeträge und der Steuerbefreiungen ab und kann nachfolgender Tabelle entnommen werden:

Steuertarif

Anzusetzender Wert des steuerpflichtigen Erwerbs nach § 10 ErbStG bis einschließlich DM	Steuersatz in der Steuerklasse in %		
	I	II	III
100.000	7	12	17
500.000	11	17	23
1.000.000	15	22	29
10.000.000	19	27	35
25.000.000	23	32	41
50.000.000	27	37	47
über 50.000.000	30	40	50

Überschreitet die Höhe des Wertes des steuerpflichtigen Erwerbs eine Stufe, beispielsweise die Stufe von DM 100.000,–, gilt der höhere Steuersatz (11 %, 17 % oder 23 %) für den gesamten Erwerb, nicht nur für den übersteigenden Betrag. Nach § 19 Abs. 3 a ErbStG ist die zusätzlich zu zahlende Steuer bei Überschreitung einer Tarifstufe allerdings nicht höher als 75 % des höheren Erwerbs. Wenn der Steuersatz 30 % nicht überschreitet, ist die zusätzliche Steuer begrenzt auf die Hälfte des zusätzlichen, die bisherige Stufe übersteigenden Erwerbs (§ 19 Abs. 3 ErbStG).

Außer der Verpflichtung zur Zahlung von Erbschaft- und Schenkungssteuer kann bei Erbfällen nach der Rechtsprechung des Bundesfinanzhofs (Beschlüsse des Großen Senats vom 5. 7. 1990, Bundessteuerblatt 1990 Teil II, S. 837 ff., 847 ff.) bei der Auseinandersetzung einer Erbengemeinschaft auch die Verpflichtung zur Zahlung von **Einkommensteuer** entstehen.

Der Bundesfinanzhof sieht den Erbfall und die Erbauseinandersetzung nicht mehr als Einheit sondern als selbständige Rechtsgeschäfte an. Dies hat zur Folge, daß bei der Auseinandersetzung einer **Erbengemeinschaft mit Betriebsvermögen** Ausgleichszahlungen eines Miterben, der das Betriebsvermögen übernimmt, einkommensteuerrechtlich als Einkünfte angesehen werden und der Einkommensteuer unterliegen.

Die Übertragung des Erbanteils an einer gewerblich tätigen Erbengemeinschaft wird als Veräußerung eines Mitunternehmeranteils im Sinne von § 16 Abs. 1 Nr. 2 EStG angesehen, und zwar auch dann, wenn der Erwerber Miterbe ist. Dabei entsteht bei den ausgleichsberechtigten Miterben, die die Ausgleichszahlung erhalten, ein Veräußerungsgewinn, der der Einkommensteuer unterliegt. Dem Fiskus fließt dadurch außer der Erbschaftsteuer auch Einkommensteuer zu.

Erbrechtslexikon

Im folgenden werden alle im Erbrecht auftretenden Fragen unter dem entsprechenden Stichwort – in alphabetischer Reihenfolge – abgehandelt. Auf weitere Stichwörter wird im Lexikonteil durch → verwiesen.

Abkömmling

Als Abkömmlinge werden alle von einer Person stammenden Nachkommen bezeichnet. Abkömmlinge sind danach die Kinder, Enkel, Urenkel und deren Nachkommen. Adoptierte Kinder stehen den leiblichen Kindern rechtlich gleich.

Ablieferung des Testaments

Wer ein → *Testament* in Besitz hat, ist verpflichtet, es unverzüglich an das → *Nachlaßgericht* abzuliefern, sobald er von dem Tode des → *Erblassers* Kenntnis erlangt hat. Abzuliefern sind ausnahmslos alle nicht in Verwahrung des Nachlaßgerichts befindlichen Schriftstücke des Erblassers, die äußerlich oder nach ihrem Inhalt als → *Letztwillige Verfügung* in Frage kommen können, ohne Rücksicht darauf, ob sie inhaltlich eine letztwillige Verfügung darstellen, formwirksam sind, offen oder verschlossen sind.

An das Nachlaßgericht abzugeben sind danach insbesondere auch solche Schriftstücke, bei denen zweifelhaft ist, ob sie ein Testament darstellen, da diese Entscheidung nicht der Besitzer, sondern das Nachlaßgericht zu treffen hat. Auch die früher aus → *amtlicher Verwahrung* zurückgenommenen Testamente, die damit als widerrufen gelten, sind abzuliefern, wenn sie noch vorhanden sind. Das gleiche gilt für frühere Testamente, die durch spätere Testamente widerrufen oder abgeändert wurden.

> Befindet sich ein Testament bei einer Behörde in amtlicher Verwahrung, so muß es nach dem Tod des Erblassers ebenfalls an das Nachlaßgericht abgeliefert werden. Das Nachlaßgericht hat, wenn es von dem Testament Kenntnis erlangt, die Herausgabe zu veranlassen.

Nach der Ablieferung werden die Testamente beim Nachlaßgericht in einer Akte bis zur Eröffnung (→ *Testamentseröffnung*) aufbewahrt.

Adoption

Adoption ist die **Annahme eines Kindes** mit der Wirkung, daß das Kind die rechtliche Stellung eines leiblichen Kindes erhält. Erbrechtlich erhält das adoptierte Kind die Erbenstellung wie ein leibliches Kind, d. h. ihm stehen → *Pflichtteilsansprüche* zu. Für leibliche Kinder und den Ehegatten führt dies zur Verminderung des gesetzlichen Erbanteils und zur Reduzierung von deren Pflichtteilsansprüchen.

Erbschaftsteuerlich wird das adoptierte Kind lediglich nach der Steuerklasse I wie leibliche Kinder besteuert, und es genießt die Freibeträge wie leibliche Kinder.

Alleinerbe

Der Alleinerbe ist der einzige → *Erbe* des → *Erblassers*. Auf ihn geht das Vermögen des Erblassers ebenso wie dessen Verbindlichkeiten mit dem Todesfall über. Anstelle des Verstorbenen wird der Alleinerbe Inhaber von dessen Forderungen, Eigentümer von dessen Gegenständen und Schuldner von dessen Verbindlichkeiten.

Amtliche Verwahrung

Eigenhändige → *Testamente* werden auf Wunsch des Testierenden in besondere → *amtliche Verwahrung* genommen. Zuständig dafür ist jedes Amtsgericht, in Baden-Württemberg anstelle der Amtsgerichte die Notariate. Der Hinterleger erhält vom Amtsgericht bzw. vom Notariat einen Hinterlegungsschein.

Vom Amtsgericht bzw. in Baden-Württemberg vom Notariat wird für die amtliche Verwahrung ¼ Gebühr nach der Kostenordnung berechnet. Als Gegenstandswert wird dabei der angegebene Vermögenswert, über den im Testament verfügt wurde, angesetzt.

Ein **notariell errichtetes Testament** wird immer amtlich verwahrt. Der Notar nimmt die Testamentsurkunde in einen dafür vorgesehenen Umschlag, der beschriftet, mit dem Prägesiegel verschlossen und unverzüglich in besondere amtliche Verwahrung gebracht wird. Der Testierende erhält ebenfalls einen Hinterlegungsschein. Er kann jederzeit die Rückgabe des verwahrten Testaments verlangen. Die Rückgabe des verwahrten notariellen Testaments gilt allerdings als Testamentswiderruf. Hierüber muß die zurückgebende Stelle bei der Rückgabe belehren.

> **Aufbewahung des Testaments** — **Tip**
> Wer ein eigenhändiges Testament errichtet hat, kann dies grundsätzlich selbst aufbewahren. Dann ist die Gefahr jedoch nicht ganz auszuschließen, daß das Testament im Laufe der Zeit verlorengeht oder nach dem → *Erbfall* nicht oder zu spät gefunden wird. Wer diese Risiken ausschließen will, sollte ein Testament in amtliche Verwahrung geben.

Ein **vor einem Bürgermeister errichtetes** → *Nottestament* wird von diesem ebenfalls in die amtliche Verwahrung gebracht. Der Erblasser erhält über das in Verwahrung genommene Testament einen Hinterlegungsschein. Ein vor einem Bürgermeister errichtetes Nottestament gilt ebenfalls als widerrufen, wenn es aus der amtlichen Verwahrung zurückgegeben wird.

Das Amtsgericht oder – in Baden-Württemberg – das Notariat, das ein Testament amtlich verwahrt, ist nach der gemeinsamen Bekanntmachung über die Benachrichtigung in Nachlaßsachen vom 30. 11. 1979 verpflichtet, dem

> **Verwahrung bei Amtsgericht** — **Tip**
> Wurde ein Testament in amtliche Verwahrung genommen, kann der Testierende nachträglich die Verwahrung bei einem anderen Amtsgericht beantragen. Dies gilt für alle Testamentsformen, also für eigenhändige, notarielle und vor dem Bürgermeister errichtete Nottestamente.

Standesamt des Geburtsortes des Testierenden die amtliche Verwahrung mitzuteilen. Dort wird diese Mitteilung in einer Testamentskartei registriert. Die Registrierung führt im Todesfall dazu, daß das verwahrende Amtsgericht oder Notariat vom Standesamt des Sterbeortes über das Standesamt des Geburtsortes über den Sterbefall informiert wird.

> Bei Testierenden, die nicht in der Bundesrepublik geboren sind, wird die Verwahrungsmitteilung in der Hauptkartei für Testamente beim Amtsgericht Berlin-Schöneberg vermerkt.

Anfechtung

Ein → *Testament* kann angefochten werden, wenn Anfechtungsgründe vorliegen. Als **Anfechtungsgründe** kommen folgende Umstände in Betracht:

- Der → *Erblasser* irrte sich über den Inhalt seines Testaments oder wollte es mit diesem Inhalt nicht errichten, und es ist anzunehmen, daß er ein Testament mit diesem Inhalt bei Kenntnis der Sachlage nicht errichtet hätte (**Inhaltsirrtum**).

- Der Erblasser wurde durch die irrige Annahme oder Erwartung des Eintritts oder Nichteintritts eines Umstandes zu dem Testament veranlaßt (**Motivirrtum**).

- Der Erblasser wurde widerrechtlich durch Drohung zum Errichten des Testamentes bestimmt (**Anfechtung wegen Drohung**).

- Der Erblasser hat einen zur Zeit des Erbfalls vorhandenen → *Pflichtteilsberechtigten* übergangen, dessen Vorhandensein ihm bei der Errichtung des Testaments nicht bekannt war oder der erst nach der Testamentserrichtung geboren oder pflichtteilsberechtigt wurde. Dabei ist die Anfechtung allerdings ausgeschlossen, wenn anzunehmen ist, daß der Erblasser auch bei Kenntnis der Sachlage dieselbe letztwillige Verfügung getroffen hätte (**Anfechtung wegen Übergehung eines Pflichtteilsberechtigten**).

Anfechtung

Im allgemeinen Sprachgebrauch wird unter Testamentsanfechtung auch die Geltendmachung der Unwirksamkeit eines Testaments verstanden, die sich beispielsweise aus der Testierunfähigkeit (→ *Testierfähigkeit*) des Erblassers oder aus der Nichteinhaltung notwendiger Formerfordernisse bei der Testamentserrichtung ergeben kann. Juristisch ist dies jedoch keine Anfechtung, die an Fristen gebunden ist. Geltend gemacht wird dabei lediglich, daß das Schriftstück im Rechtssinne kein wirksames Testament ist und daß daraus keine Erbrechte abgeleitet werden können.

> **Tip**
>
> **Anfechtung des Testaments**
> Wenn ein wirksames Testament vorliegt und Anfechtungsgründe gegeben sind, ist grundsätzlich derjenige zur Anfechtung berechtigt, dem die Aufhebung des Testaments unmittelbar zustatten kommen würde. Bei der Anfechtung wegen Übergehung eines Pflichtteilsberechtigten steht das Anfechtungsrecht jedoch nur dem Pflichtteilsberechtigten zu.

Die Testamentsanfechtung erfolgt durch eine **Anfechtungserklärung** gegenüber dem → *Nachlaßgericht*. Dabei ist zu berücksichtigen, daß die Anfechtung nur innerhalb eines Jahres ab dem Zeitpunkt, in der der Anfechtungsberechtigte von dem Anfechtungsgrund Kenntnis erhält, möglich ist.

Ein **Erbvertrag** kann von jedem der Vertragspartner auch zu Lebzeiten aus denselben Gründen angefochten werden, die für die Testamentsanfechtung maßgeblich sind. Die Anfechtungserklärung muß notariell beurkundet werden. Sie muß innerhalb eines Jahres ab Kenntnis des Anfechtungsgrundes erfolgen, bei der Anfechtbarkeit wegen Drohung innerhalb eines Jahres ab dem Zeitpunkt, in die Zwangslage aufhört.

> Nach dem Tod des Erblassers kann ein Erbvertrag grundsätzlich von demjenigen, dem die Unwirksamkeit zugute käme, angefochten werden. Es gelten dieselben Regelungen und Voraussetzungen wie bei der Testamentsanfechtung.

In besonders gelagerten Ausnahmefällen kann ein Anfechtungsgrund für ein Testament oder einen Erbvertrag auch nach den allgemeinen Regelungen des BGB gem. §§ 119 ff., 123 BGB in Betracht kommen. Die Anfechtung nach § 119 BGB hat unverzüglich zu erfolgen, die Anfechtung nach § 123 BGB innerhalb eines Jahres ab Kenntnis der widerrechtlichen Täuschung oder Drohung.

Zur Anfechtung einer → *letztwilligen Verfügung* wegen der Erbunwürdigkeit eines Erben → *Erbunwürdigkeit*.

Annahme der Erbschaft

Die → *Erbschaft* geht mit dem Tode des → *Erblassers* automatisch auf den oder die → *Erben* über. Trotz des automatischen Erbschaftsüberganges räumt das Gesetz den Erben das Recht ein, die Erbschaft auszuschlagen. Wird die Erbschaft ausgeschlagen, hat dies rechtlich die Wirkung, als sei die Erbschaft nicht auf den Ausschlagenden übergegangen. Die Erbschaft fällt statt dessen demjenigen zu, der zur Erbschaft berufen wäre, wenn der Ausschlagende zur Zeit des Erbfalls nicht gelebt hätte, wobei diesem Erben die Erbschaft rückwirkend mit dem Erbfall rechtlich zufällt. In Frage kommt die → *Ausschlagung der Erbschaft* insbesondere, wenn die Gefahr der Überschuldung besteht.

Die Erbschaft kann innerhalb von **6 Wochen** ab dem Zeitpunkt ausgeschlagen werden, an dem der Erbe von dem Erbschaftsanfall und dem Grund der Berufung Kenntnis erlangte. Wurde der Erbe durch → *Verfügung von Todes* wegen zum Erben berufen, beginnt die Frist nicht vor Eröffnung der Verfügung, also des Testaments oder des Erbvertrages, zu laufen.

> **Tip**
>
> **Ausschlagungsfrist**
> Wenn der Erblasser seinen Wohnsitz nur im Ausland gehabt hat oder wenn der Erbe sich zu Beginn des Fristablaufs im Ausland aufhält, beträgt die Ausschlagungsfrist 6 Monate.

Die Ausschlagung der Erbschaft erfolgt gegenüber dem → *Nachlaßgericht*. Die Ausschlagungserklärung ist zur Niederschrift des Nachlaßgerichtes oder in öffentlich beglaubigter Form, d. h. durch notarielle Urkunde, abzugeben.

Anrechnung

> Die Ausschlagung der Erbschaft ist nicht mehr möglich, wenn der Erbe die Erbschaft angenommen hat. Diese Annahme der Erbschaft braucht nicht durch ausdrückliche Annahmeerklärung zu erfolgen, sondern sie kann sich auch durch ein schlüssiges Verhalten des Erben ergeben, wenn daraus eindeutig zu entnehmen ist, daß der Erbe die Erbschaft antreten will. Dabei muß sich der Erbe auch nicht darüber im klaren sein, daß er rechtlich die Erbschaft annimmt.

Wer durch schlüssiges Verhalten die Erbschaft annimmt, ohne dies zu wissen oder zu wollen, kann ein Recht zur Anfechtung dieser Annahmeerklärung wegen Erklärungsirrtums haben. Auch wem die Überschuldung des Nachlasses nicht bekannt ist oder wem wesentliche Verbindlichkeiten des Nachlasses nicht bekannt sind und wer wegen dieses Irrtums die Erbschaft ausdrücklich oder konkludent annimmt, kann ein Recht zur Anfechtung der Annahme der Erbschaft haben.

Anordnung

Anordnungen sind Regelungen in → *letztwilligen Verfügungen* über die spätere Aufteilung der → *Erbschaft* (→ *Teilungsanordnung*) oder Regelungen, durch die die Auseinandersetzung des → *Nachlasses* oder einzelner Nachlaßgegenstände für eine bestimmte Zeit ausgeschlossen oder von der Einhaltung einer Kündigungsfrist abhängig gemacht werden (→ *Teilungsverbot*).

Anrechnung

Der Pflichtteilsberechtigte muß sich auf seinen Pflichtteilsanspruch Zuwendungen anrechnen lassen, die er vom → *Erblasser* zu dessen Lebzeiten mit der Bestimmung erhalten hat, daß er sie sich auf den → *Pflichtteil* anrechnen lassen muß. Zu diesen Zuwendungen gehören bezahlte Schulden, Schenkun-

Tip

Mitteilungspflicht
Für die Anrechnung ist aber erforderlich, daß die Anrechnungsbestimmung dem Pflichtteilsberechtigten vor oder bei der Zuwendung mitgeteilt wurde.

gen und → *Ausstattungen,* es sei denn, daß der Erblasser hierzu verpflichtet war.

Unter Umständen kann die Anrechnungsbestimmung auch stillschweigend erfolgen, wenn sich die Anrechnungsbestimmung konkludent aus den Umständen ergibt.

> Bei der Ermittlung der Höhe des Pflichtteilsanspruchs wird der Wert der Zuwendung dem → *Nachlaß* hinzugerechnet, wobei sich der Wert nach der Zeit bestimmt, zu der die Zuwendung erfolgt war.

Anwachsung

Werden mehrere Personen als alleinige → *Erben* eingesetzt mit der Folge, daß dadurch die → *gesetzliche Erbfolge* ausgeschlossen wird, wächst der Anteil eines eingesetzten Erben, der vor dem Erbfall wegfällt, den anderen eingesetzten Erben und nicht den gesetzlichen Erben zu. Der Wegfall des eingesetzten Erben kann durch dessen Tod vor dem → *Erbfall*, durch → *Erbverzicht*, durch Erbausschlagung oder → *Erbunwürdigkeit* erfolgen.

Tip — **Gemeinschaftliches Erbteil**
Sind die Erben nur für einen Teil der Erbschaft eingesetzt und gilt für die anderen Teile der Erbschaft die gesetzliche Erbfolge, dann tritt die Anwachsung unter den eingesetzten Erben nur ein, soweit sie auf einen gemeinschaftlichen Erbteil eingesetzt sind.

Diese Anwachsung zugunsten der eingesetzten Erben kann vom Testierenden allerdings ausgeschlossen werden. Für einen eingesetzten Erben kann der Testierende einen → *Ersatzerben* bestimmen oder er kann anordnen, daß anstelle eines eingesetzten Erben die gesetzlichen Erben zur → *Erbschaft* berufen sind.

Beispiel: *Der Familienvater V setzt seine Ehefrau E und seine Tochter T sowie seinen Sohn S1 jeweils zu 1/3 als Erben ein. Sein zweiter Sohn S2 soll nach dem Testament nicht Erbe werden.*

Vor V stirbt jedoch seine Ehefrau E. Mit dem Tode von V wächst deshalb der Erbanteil von E zu gleichen Teilen den beiden Kindern T und S1 zu. S2 bleibt von der Erbschaft ausgeschlossen.

Aufgebotsverfahren

Um den → *Erben* in die Lage zu versetzen, die → *Nachlaßverbindlichkeiten* zuverlässig zu ermitteln und die Nachlaßschulden auf den Wert des → *Nachlasses* zu beschränken, können die → *Nachlaßgläubiger* durch das Aufgebotsverfahren zur Anmeldung ihrer Forderungen aufgefordert werden.

Nach der → *Annahme* der Erbschaft ist der Erbe zur Einleitung des Aufgebotsverfahrens berechtigt, sofern er nicht für die Nachlaßverbindlichkeiten unbeschränkt haftet. Auch der Nachlaßpfleger und der → *Testamentsvollstrecker* können das Aufgebotsverfahren einleiten. Der Testamentsvollstrecker allerdings wiederum erst nach der Annahme der Erbschaft durch den Erben. Zuständig für das Aufgebotsverfahren ist das → *Nachlaßgericht*.

Dem Antrag auf Einleitung des Aufgebotsverfahrens ist ein Verzeichnis der dem Antragsteller bekannten Nachlaßgläubiger mit Angaben von deren Wohnort beizufügen. Das Nachlaßgericht erläßt dann die öffentliche Aufforderung an alle Nachlaßgläubiger, ihre Forderungen in einer vom Gericht festgesetzten Frist (mindestens 6 Wochen, nicht mehr als 6 Monate) beim Nachlaßgericht anzumelden. Den Nachlaßgläubigern, die dadurch dem Gericht angezeigt sind und deren Wohnort bekannt ist, muß das Aufgebot von Amts wegen zugestellt werden.

> **Forderung anmelden**
> Nachlaßgläubiger, die ihre Forderung innerhalb der gesetzten Frist nicht anmelden, werden ausgeschlossen! — **Tip**

Nicht zur Anmeldung verpflichtet und damit nicht vom Ausschluß bedroht sind Pflichtteilsberechtigte, Vermächtnisnehmer und Auflagengläubiger, außerdem Pfandgläubiger und Gläubiger, die im Konkurs den Pfandgläubigern gleichstehen, sowie Gläubiger, die bei der Zwangsvollstreckung in das unbewegliche Vermögen ein Recht auf Befriedigung aus diesem Vermögen haben; darüber hinaus auch nicht die Gläubiger, deren Ansprüche durch eine Vormerkung gesichert sind oder denen im Konkurs ein Aussonderungsrecht zusteht.

Der Ausschluß der Gläubigerforderungen durch das Aufgebotsverfahren führt nicht dazu, daß diese erlöschen. Der Erbe ist jedoch berechtigt, die Befriedigung eines im Aufgebotsverfahren ausgeschlossenen Nachlaßgläubigers zu verweigern, für den der Nachlaß durch die Befriedigung der nicht ausgeschlossenen Gläubiger bereits erschöpft ist oder erschöpft werden würde. Der Erbe kann sich damit gegenüber jedem ausgeschlossenen Nachlaßgläubiger darauf berufen, daß seine Haftung auf den Nachlaß beschränkt ist und dieser durch Befriedigung der nicht ausgeschlossenen Gläubiger verbraucht ist.

Die nicht ausgeschlossenen Nachlaßgläubiger müssen vor den Ausgeschlossenen befriedigt werden. Von dem Nachlaßrest sind die Forderungen der ausgeschlossenen Gläubiger zu befriedigen, bevor bestehende Pflichtteils- oder Vermächtnisansprüche oder Ansprüche aus Auflagen berücksichtigt werden können. Dies gilt allerdings nur, wenn der ausgeschlossene Nachlaßgläubiger seine Forderung geltend gemacht hat, bevor die Pflichtteils- und Vermächtnisansprüche sowie die Ansprüche aus Auflagen berichtigt wurden.

Auflage

> Die Auflage ist eine Anordnung in einem → *Testament* oder einem → *Erbvertrag*, mit der der oder die → *Erben* oder die durch ein Vermächtnis begünstigte Person zu einer bestimmten Handlung oder Leistung, z. B. Betreuung einer Person, Grabpflege, verpflichtet werden.

Beispiel: *Meine alleinerbende Ehefrau ist verpflichtet, meinen Eltern, falls sie der Hilfe bedürfen, Unterhalt zu gewähren.*

Die Besonderheit der Auflage besteht im Unterschied zum → *Vermächtnis* darin, daß der durch die Auflage Begünstigte die Erfüllung der Auflage rechtlich **nicht** erzwingen kann. Die Vollziehung der Auflage können nur der Erbe, der → *Miterbe* oder derjenige verlangen, dem der Wegfall des mit der Auflage zunächst Beschwerten unmittelbar zustatten kommen würde. Daneben kann auch der vom Erblasser eingesetzte → *Testamtentsvollstrecker* die Erfüllung der Auflage verlangen.

Wenn die Erfüllung einer Auflage im öffentlichen Interesse liegt, kann auch die zuständige Behörde die Erfüllung der Auflage erzwingen.

Auseinandersetzung

Als Auseinandersetzung wird die Abwicklung eines → *Nachlasses* durch eine → *Erbengemeinschaft* bezeichnet. Dazu gehören vor allem die Erfüllung der → *Nachlaßverbindlichkeiten* durch die → *Erbengemeinschaft* und die Verteilung der Nachlaßgegenstände und der Nachlaßwerte an die einzelnen → *Miterben* entsprechend deren Erbanteilen.

Bis zur Auseinandersetzung steht die Verwaltung des Nachlasses den → *Erben* gemeinschaftlich zu. Dabei ist jeder Miterbe den anderen gegenüber verpflichtet, bei Maßnahmen mitzuwirken, die zur ordnungsgemäßen Verwaltung erforderlich sind.

> In der Regel ist es wenig sinnvoll, die → *Erbengemeinschaft* wegen der nicht unproblematischen gemeinschaftlichen Verwaltung lange aufrechtzuerhalten. Das Gesetz gibt deshalb jedem Miterben grundsätzlich das Recht, jederzeit die Auseinandersetzung zu verlangen.

Eine Ausnahme vom Recht zur sofortigen Auseinandersetzung besteht dann, wenn der → *Erblasser* durch → *letztwillige Verfügung* die Auseinandersetzung ganz oder teilweise für einen bestimmten Zeitraum ausgeschlossen hat, das → *Aufgebotsverfahren* zur Ermittlung der Nachlaßgläubiger noch nicht beendet ist oder die Frist zur Anmeldung der Nachlaßgläubiger noch nicht verstrichen ist. Außerdem ist die Auseinandersetzung ausgeschlossen, wenn die Erbteile wegen der zu erwartenden Geburt eines Miterben noch unbestimmt sind. Das gleiche gilt, wenn die Entscheidung über eine Ehelicherklärung, über einen Adoptionsantrag, über die Aufhebung des Annahmeverhältnisses oder die

Genehmigung für eine vom Erblasser errichtete Stiftung noch aussteht und deshalb die Erbteile noch unbestimmt sind.

Um die Auseinandersetzung durchführen zu können, müssen zunächst die → Nachlaßverbindlichkeiten von der Erbengemeinschaft erfüllt werden. Ist eine Nachlaßverbindlichkeit noch nicht fällig oder ist streitig, ob oder in welcher Höhe sie besteht, dann ist eine zur Befriedigung dieser Nachlaßforderung ausreichende Rückstellung vorzunehmen. Zur Befriedigung der Nachlaßforderung ist, soweit erforderlich, der Nachlaß in Geld umzusetzen, d. h. notfalls müssen einzelne Nachlaßgegenstände veräußert werden, um die Nachlaßschulden zu tilgen.

Der nach Tilgung der Nachlaßschulden verbleibende Überschuß ist an die einzelnen Miterben nach ihren Erbanteilen auszuzahlen. Schriftstücke, die sich auf die persönlichen Verhältnisse des Erblassers, auf dessen Familie oder auf den ganzen Nachlaß beziehen, bleiben gemeinschaftliches Eigentum der Erben.

Die Vereinbarungen über die Erfüllung der Nachlaßschulden, die Verteilung des Nachlaßüberschusses und der einzelnen Nachlaßgegenstände an die einzelnen Erben erfolgt durch eine Regelung, der **alle** Miterben zustimmen müssen. Es handelt sich hierbei juristisch um einen **Auseinandersetzungsvertrag**, der formlos, also auch mündlich, abgeschlossen werden kann.

Tip

Auseinandersetzungsvertrag
Falls die Auseinandersetzung zwischen den einzelnen Miterben umstritten ist, was häufig vorkommt, sollte aus Beweisgründen jedoch ein **schriftlicher Auseinandersetzungsvertrag** abgeschlossen werden.

Wenn zum Nachlaß Grundstücke oder Geschäftsanteile einer GmbH gehören, müssen die Verträge, in denen die Grundstücke oder die GmbH-Anteile übertragen werden, **notariell beurkundet** werden.

Auf Antrag eines Miterben, eines Pfandgläubigers oder der Erbengemeinschaft kann beim → Nachlaßgericht ein Verfahren auf gerichtliche Vermittlung der Auseinandersetzung eingeleitet werden. Das Nachlaßgericht kann die Vermittlung allerdings nicht verbindlich durchführen, sondern lediglich versuchen, zwischen den Miterben vermittelnd eine Auseinandersetzung herbeizuführen.

Ausgleichung

> Falls eine Einigung über die Auseinandersetzung zwischen den Miterben nicht zustande kommt, kann jeder Miterbe gegenüber den anderen Miterben **Klage erheben und die Auseinandersetzung durch Urteil erzwingen**. Hierzu muß er einen Aufteilungsplan erarbeiten und dem Gericht unterbreiten. Mit der Klage kann dann die Zustimmung der Miterben zu dem vorgelegten Teilungsplan ersetzt werden.

Ausgleichung

Abkömmlinge, die als gesetzliche Erben zur Erbfolge berufen sind oder deren im → *Testament* verfügte Erbteile so bemessen sind, daß sie den gesetzlichen Erbteilen entsprechen, sind verpflichtet, bei der → *Auseinandersetzung* untereinander zur Ausgleichung zu bringen, was sie vom → *Erblasser* zu dessen Lebzeiten als Ausstattung erhalten haben. Dies gilt aber nur, soweit der Erblasser bei der Zuwendung nichts anderes angeordnet hatte.

Tip

Ausgleichungspflicht
Diese Ausgleichungspflicht gilt nur zwischen Abkömmlingen, d. h., zwischen Kindern, Enkeln, Urenkeln und kommt nur ihnen zugute.

Auszugleichen sind → *Ausstattungen,* die dem → *Abkömmling* zur Hochzeit oder zur Begründung oder Erhaltung einer selbständigen Lebensstellung zugewandt wurden. Hierzu können auch die Kosten eines Hoch- oder Fachhochschulstudiums gehören, nicht jedoch die Kosten für die allgemeine Schulbildung. Voraussetzung für die Ausgleichung ist, daß ein Vermögensvorteil aus dem Vermögen des Erblassers in das Vermögen des Abkömmlings transferiert wurde.

Nicht ausgleichspflichtig ist, was der Erblasser zurückerhalten hat, oder was an den Erblasser zurückzuerstatten war und vom Abkömmling nunmehr an die → *Erbengemeinschaft* zurückzuzahlen ist.

Auskunftsanspruch

Auskunftsansprüche stehen dem → *Erben* gegen den → *Testamentsvollstrecker,* dem → *Nacherben* gegen den Vorerben und dem → *Pflichtteilsberechtigten* gegen den Erben zu.

Der **Testamentsvollstrecker** ist verpflichtet, dem Erben auf Verlangen über den Stand der Erbschaft Auskunft zu erteilen und bei Beendigung der Testamentsvollstreckung Rechenschaft abzulegen.

> Der **Vorerbe** ist nach dem Eintritt der Nacherbenfolge verpflichtet, dem Nacherben auf Verlangen Rechenschaft abzulegen. Dabei bezieht sich die Rechenschaftspflicht des Vorerben allerdings nicht auf Einnahmen, die ihm als Nutzungen der Vorerbschaft zugeflossen sind, und auch nicht auf Ausgaben, die als gewöhnliche Erhaltungs- und Verwaltungskosten der Vorerbschaft anzusehen sind.

Bedeutsam ist vor allem der Auskunftsanspruch des **Pflichtteilsberechtigten** gegenüber dem Erben. Da dem Pflichtteilsberechtigten die Hälfte des Wertes seines gesetzlichen Erbteils zusteht, ist er für die Geltendmachung seines Pflichtteilsanspruches darauf angewiesen, den Wert des → *Nachlasses* zu kennen. Der Erbe ist deshalb auf Verlangen verpflichtet, dem Pflichtteilsberechtigten über den Bestand des Nachlasses Auskunft zu erteilen.

Der Pflichtteilsberechtigte kann dabei verlangen, daß er bei der Aufnahme des vorzulegenden Verzeichnisses der Nachlaßgegenstände zugezogen und daß der Wert der Nachlaßgegenstände ermittelt wird. Er kann auch verlangen, daß das Nachlaßverzeichnis durch die zuständige Behörde oder durch einen zuständigen Beamten oder Notar aufgenommen wird. Die Kosten fallen dem Nachlaß zur Last.

> **Tip**
>
> **Auskunft erteilen**
>
> Besteht Grund zur Annahme, daß das vorgelegte Verzeichnis nicht mit der erforderlichen Sorgfalt aufgestellt worden ist, hat der Verpflichtete auf Verlangen des Auskunftsberechtigten die Richtigkeit und Vollständigkeit des vorgelegten Verzeichnisses an Eides Statt zu versichern. Die Verpflichtung, Auskunft zu erteilen und die Richtigkeit an Eides Statt zu versichern, kann vor Gericht eingeklagt werden.

Die Auskunftsverpflichtung beinhaltet, daß ein Bestandsverzeichnis vorzulegen ist.

Auslegung

→ *Testamente* werden oft ohne sachkundige Beratung errichtet und sind dann widersprüchlich oder juristisch nicht exakt formuliert. Gelegentlich werden auch erbrechtliche Begriffe wie → *Vermächtnis* oder → *Erbe* falsch angewandt. Um festzustellen, welche Regelungen der Testierende im Testament treffen wollte, bedarf eine → *letztwillige Verfügung* bei unklaren, zweideutigen oder widersprüchlichen Angaben der Auslegung. Dabei soll der wirkliche Wille des Testierenden erforscht und nicht am buchstäblichen Sinn der verwandten Ausdrücke festgehalten werden.

Wenn die Formulierung in einer letztwilligen Verfügung verschiedene Auslegungen zuläßt, ist im Zweifel diejenige vorzuziehen, die nicht zur Unwirksamkeit dieser Verfügung führt. Dabei wird bei der Ermittlung des wirklichen Willens des Testierenden zum Zeitpunkt der Testamentserrichtung das Auslegungsergebnis durch den Wortlaut der letztwilligen Verfügung nicht begrenzt, weil auch bei scheinbar klarem und eindeutigem Wortlaut der Testierende mit seinen Worten einen anderen Sinn verbunden haben kann, als es dem juristischen Sprachgebrauch entspricht.

Die Auslegung von letztwilligen Verfügungen beschränkt sich deshalb nicht auf eine Analyse des Wortlauts, sondern berücksichtigt alle zugänglichen Umstände auch außerhalb des Testaments, die zur Ermittlung des Willens des Testierenden dienen können. Es können deshalb auch Umstände herangezogen werden, die im Zusammenhang mit der im Testament enthaltenen Erklärung stehen. Dazu gehört das gesamte Verhalten des Testierenden,

> **Auslegungsergebnis**
>
> Das Ergebnis der Auslegung muß jedoch eine Grundlage in der vorliegenden formgültigen letztwilligen Verfügung des Erblassers haben. Zumindest andeutungsweise muß das gefundene Auslegungsergebnis in der letztwilligen Verfügung zum Ausdruck gebracht sein. Ansonsten würde das Auslegungsergebnis nicht damit in Einklang stehen, daß die letztwillige Verfügung nur handschriftlich oder notariell beurkundet wirksam verfügt werden kann.
>
> **Tip**

seine Äußerungen und Handlungen, auch der Inhalt früherer oder widerrufener oder nichtiger letztwilliger Verfügungen. Dabei muß der Gesamtinhalt seiner Erklärung einschließlich aller Nebenumstände als Ganzes gewürdigt werden.

Für die Auslegung nicht verwertbar sind allerdings solche Umstände, die ergeben, daß der → *Erblasser* nach der Testamentserrichtung seinen Willen geändert hat.

Gelingt es trotz Berücksichtigung aller Umstände nicht, den tatsächlich vorhandenen wirklichen Willen des Testierenden zu ermitteln, muß ein Gericht notfalls den Sinn ermitteln, der dem mutmaßlichen Erblasserwillen am ehesten entspricht.

Beispiel: Die Verfügung, daß der Sohn den ganzen Nachlaß „verwalten" soll, kann als Erbeinsetzung ausgelegt werden.

Ausschlagung der Erbschaft

→ *Annahme der Erbschaft*

Ausstattung

> Ausstattungen sind alle Vermögenswerte, die ein Kind von seinen Eltern zur Hochzeit als Mitgift oder Aussteuer erhält oder die ein Kind zur Begründung oder Erhaltung der Selbständigkeit von seinen Eltern bekommt.

Ausstattungen sind zwischen Abkömmlingen, die als gesetzliche Erben zur → *Erbschaft* berufen sind, auszugleichen. Diese Ausgleichungspflicht besteht auch zwischen Abkömmlingen, die durch → *letztwillige Verfügung* als → *Erben* eingesetzt wurden, wenn ihre Erbteile so bemessen sind, daß sie der gesetzlichen Erbquote entsprechen.

Aussteuer

Die Aussteuer ist rechtlich als → *Ausstattung* anzusehen, die zwischen Abkömmlingen unter bestimmten Voraussetzungen auszugleichen ist (→ *Ausgleichung*).

Bankkonto

Guthaben auf Bankkonten des → *Erblassers* stehen mit dem → *Erbfall* den → *Erben* zu. Der Erbe kann nach den Geschäftsbedingungen der Banken und Sparkassen jedoch grundsätzlich erst über das Konto verfügen, wenn er einen → *Erbschein* vorlegt oder wenn ihm eine Vollmacht (→ *Bankvollmacht*) des Erblassers über den Tod hinaus eingeräumt wurde.

Der Erblasser hat auch die Möglichkeit, ein Konto auf den Namen eines Dritten einzurichten. Das Guthaben auf diesem Konto steht dann, auch wenn es vom Erblasser eingezahlt wurde, dem Dritten und nicht den Erben zu. Durch einen Sperrvermerk kann der Erblasser sicherstellen, daß der Dritte nicht vor einem bestimmten Zeitpunkt oder nicht vor dem Erbfall über das Guthaben verfügen kann.

Gemeinschaftliche Konten werden von der Bank als sog. Oder-Konten oder als Und-Konten geführt. Wird ein gemeinsames Konto, beispielsweise für Eheleute, eingerichtet und wird keine besondere Vereinbarung getroffen, wird es von der Bank als **Oder-Konto** eingerichtet. Jeder der Kontoinhaber kann dann über das Kontoguthaben allein verfügen, jeder Kontoinhaber ist der Bank gegenüber für den Kontostand auch verantwortlich. Nach dem Erbfall entsteht für den überlebenden Kontoinhaber bei Verfügungen über das Konto eine **Ausgleichspflicht** gegenüber den Erben.

> Bei **Und-Konten** können Kontoverfügungen nur gemeinschaftlich getroffen werden. Mit dem Tod eines Kontoinhabers kann der andere Kontoinhaber nicht mehr über das Konto verfügen, wenn ihm keine Vollmacht über den Tod hinaus eingeräumt wurde.

Nach dem Tod eines Kontoinhabers sind die Banken verpflichtet, dem **Finanzamt** die Kontostände des Verstorbenen mitzuteilen. Damit erhält der Fiskus auch Kenntnis von bei Lebzeiten des Erblassers nicht angegebenen Bankguthaben. Er kann von den Erben die Nachentrichtung etwaiger Einkommensteuer wegen unterbliebener Deklarierung von Zinseinkünften bei der Einkommensteuererklärung verlangen.

Bankvollmacht

Der → *Erblasser* kann Dritten eine Kontovollmacht erteilen, die auch über seinen Tod hinaus wirksam ist. Diese Bankvollmacht ist insbesondere zweckmäßig für die → *Erben,* die ohne eine derartige Vollmacht nach den Geschäftsbedingungen der Banken und Sparkassen erst nach Erhalt eines → *Erbscheins,* was lange dauern kann, über Bankguthaben verfügen können. Sie müssen dann die unmittelbar nach dem Todesfall anfallenden Kosten, insbesondere der angemessenen Bestattung, aus eigenen Mitteln vorstrecken.

Bedingung

Zuwendungen in → *letztwilligen Verfügungen* können von Voraussetzungen abhängig gemacht werden.

Beispiel: Die Erbeinsetzung meines Ehemannes gilt nicht, wenn unsere Ehe zum Zeitpunkt meines Todes nicht mehr besteht oder wenn bei meinem Tod ein Scheidungsverfahren anhängig ist.

Eine Bedingung muß in der letztwilligen Verfügung klar ausgedrückt werden. Es muß erkennbar sein, daß die Wirksamkeit der Verfügung von dem angegebenen Umstand abhängt.

Bei **aufschiebenden Bedingungen** hängt die Zuwendung davon ab, daß ein bestimmtes Ereignis eintritt.

Beispiel: Bei Wiederverheiratung meiner Frau ist meine Tochter meine Alleinerbin.

Im Zweifel ist bei einer aufschiebenden Bedingung anzunehmen, daß die Zuwendung des Erblassers nur gelten soll, wenn der Begünstigte den Eintritt der Bedingung erlebt.

> Mit einer **auflösenden Bedingung** kann eine letztwillige Zuwendung rückgängig gemacht werden.

Beispiel: Die Einsetzung meiner Ehefrau als Alleinerbin gilt nicht, wenn sie nach meinem Tod wieder heiratet.

Nicht jede Bedingung in einem → *Testament* ist wirksam. Bedingungen, die einen wirtschaftlichen Druck auf persönliche Entscheidungen ausüben, die nach allgemeinem Wertempfinden nicht von wirtschaftlichen Erwägungen abhängig sein sollen, können sittenwidrig sein.

> **Tip**
> **Verwirkungsklausel**
> Zulässig sind → *Verwirkungsklauseln,* mit denen bei gegenseitiger Ehegattenerbeinsetzung der überlebende Ehegatte vor Pflichtteilsansprüchen bewahrt werden soll.

Beispiel: Die Erbeinsetzung unserer Tochter gilt nur, wenn sie sich von ihrem Ehemann Erwin scheiden läßt.

Auch → *Wiederverheiratungsklauseln,* die den überlebenden Ehegatten übermäßig belasten, können rechtlich bedenklich sein.

Beerdigung

Die Art der Bestattung und der Bestattungsort können im → *Testament* festgelegt werden. Allerdings werden Testamente, die in → *amtlicher Verwahrung* sind, meist erst nach der Bestattung des Verstorbenen eröffnet. Der Bestattungswille sollte deshalb in einem gesonderten Schriftstück niedergelegt werden, das den nächsten Angehörigen unmittelbar nach dem Todesfall zur Verfügung steht.

Wenn der Wille des Verstorbenen über die Art der Bestattung und den Ort nicht erkennbar ist, sind seine nächsten Angehörigen, in erster Linie der Ehegatte und die Kinder, berechtigt und verpflichtet, die Beerdigung zu regeln.

> Dieses Recht steht den nächsten Angehörigen auch dann zu, wenn sie nicht als Erben eingesetzt sind.

Die Kosten der Beerdigung haben die → *Erben* zu tragen. Dies gilt auch dann, wenn nicht die Erben, sondern die nächsten Angehörigen die Bestattung regeln. Zu den Beerdigungskosten gehören alle nach der Lebensstellung des Verstorbenen angemessenen Kosten für die Trauerfeier, die Aufwendungen für das Grabmal und die Anlage der Grabstätte sowie die Kosten für Todesanzeigen, Danksagungen und Trauerkleidung.

Berliner Testament

Als Berliner Testament wird ein gemeinschaftliches → *Testament* von Eheleuten bezeichnet, mit dem sie sich gegenseitig als → *Erben* einsetzen und gleichzeitig festlegen, wer nach dem Tode des längerlebenden Ehegatten Erbe sein wird.

Beispiel: Wir setzen uns gegenseitig als alleinige Vollerben ein. Erbin nach dem Tode des zuletzt versterbenden Ehegatten ist unsere Tochter Manuela.

Wie bei jedem → *gemeinschaftlichen Testament* können wechselbezügliche Verfügungen im Berliner Testament nur unter besonderen Voraussetzungen widerrufen werden.

Da durch die gegenseitige → *Erbeneinsetzung* der Ehegatten die pflichtteilsberechtigten Kinder beim ersten → *Erbfall* enterbt sind und deshalb den → *Pflichtteil* geltend machen können, wird in einem Berliner Testament häufig zur Verhinderung von Pflichtteilsansprüchen beim ersten Todesfall die → *Pflichtteilsklausel* aufgenommen. Sinnvoll kann auch eine → *Wiederverheiratungsklausel* sein, um Nachteile für die gemeinsamen Kinder bei Wiederverheiratung zu verhindern.

Die gegenseitige Erbeinsetzung der Eheleute mit der Formulierung *„wir setzen uns gegenseitig als Erben ein, Erben des Überlebenden sind unsere Kinder"*, kann rechtlich als Einsetzung des Ehegatten als → *Vor-* und der Kinder als → *Nacherben* oder als Einsetzung des überlebenden Ehegatten als unbeschränkten Vollerben angesehen werden. Bedeutung hat diese Unterscheidung insbesondere bei der Frage, ob der überlebende Ehegatte die Zustimmung der Kinder für die Veräußerung von Grundbesitz benötigt oder frei über Liegenschaften verfügen und damit das Erbe letztlich verbrauchen kann.

> Das Gesetz geht davon aus, daß Eheleute in den allermeisten Fällen den überlebenden Ehegatten ohne Beschränkung als Vollerben einsetzen wollen. Wenn die Testamentsregelung nicht eindeutig ist, gilt nach der gesetzlichen Auslegungsregelung deshalb im Zweifel immer der überlebende Ehegatte als Vollerbe. Die Kinder sind Schlußerben nach dem letztversterbenden Ehegatten und müssen sich damit begnügen, was nach dem Tode des Letztversterbenden übrig ist.

Bestattung

→ *Beerdigung*

Bürgermeistertestament

→ *Nottestament*, → *Testament*

DDR, ehemalige

Seit dem Beitritt der früheren Deutschen Demokratischen Republik zur Bundesrepublik Deutschland gilt in den neuen Bundesländern und in Ost-Berlin grundsätzlich das im Bürgerlichen Gesetzbuch geregelte Erbrecht, das bisher für die Bundesrepublik galt, allerdings mit einigen Besonderheiten.

Für alle Todesfälle vor dem Beitritt der DDR zur Bundesrepublik am 3.10.1990 ist das frühere Erbrecht der DDR anzuwenden. Außerdem wird die Errichtung oder Aufhebung einer → *Verfügung von Todes wegen* vor dem 3.10.1990 nach DDR-Recht beurteilt, auch wenn der → *Erblasser* erst nach dem 3.10.1990 stirbt.

Das Erbrecht der ehemaligen DDR ist auch maßgeblich für die Bindungswirkung bei einem → *gemeinschaftlichen Testament,* das vor dem 3.10.1990 errichtet wurde. Die Anwendung des DDR-Rechts bei der Errichtung oder Aufhebung einer Verfügung von Todes wegen bezieht sich allerdings nur auf die Einhaltung der Formvorschriften und auf die Fähigkeit zur Errichtung und Aufhebung von letztwilligen Verfügungen sowie auf die Bindung bei einem gemeinsamen Testament. Der Inhalt, die Auswirkungen und die Auslegung eines vor dem 3. 10. 1990 errichteten Testaments beurteilen sich nach den Bestimmungen des BGB.

Eine **besondere Regelung** gilt für das Erbrecht der → *nichtehelichen Kinder* der früheren DDR. Sie waren nach dem dort geltenden gesetzlichen Erbrecht den ehelichen Abkömmlingen gleichgestellt. Diese Rechtsstellung bleibt den nichtehelichen Kindern, die vor dem 3. 10. 1990 geboren wurden, erhalten.

Nichteheliche Kinder, die nach dem 3. 10. 1990 geboren wurden, sind aufgrund des am 1. 4. 1998 in Kraft getretenen Gleichstellungsgesetzes, von Übergangsvorschriften abgesehen, den ehelichen Kindern gleichgestellt (→ *Nichteheliches Kind*).

Im Ergebnis ergibt sich für die Errichtung und Gestaltung von Testamenten und Erbverträgen für den Zeitraum ab dem 3. 10. 1990, daß das im BGB geregelte Erbrecht auch für die früheren Staatsbürger der DDR maßgeblich ist. Auch früher getroffene → *letztwillige Verfügungen* werden nach den Rechtsvorschriften des BGB beurteilt, wenn es nicht um die Einhaltung von Formvorschriften oder um die → *Testierfähigkeit* geht. Die früheren letztwilligen Verfügungen können durch ein neues Testament oder einen → *Erbvertrag* aufgehoben oder abgeändert werden. Die vor dem 3. 10. 1990 geborenen nichtehelichen Kinder werden erbrechtlich wie eheliche Kinder behandelt.

Die Bindungswirkung von bereits vor dem 3. 10. 1990 errichteten gemeinschaftlichen DDR-Ehegattentestamenten richtet sich nach dem Zivilgesetzbuch der früheren DDR. Danach besteht die Bindungswirkung für den gesamten Inhalt der Testamentsregelung. Bei Scheidung oder Nichtigerklärung der Ehe wird das gemeinschaftliche Ehegattentestament unwirksam.

> Für Erbfälle vor dem 3.10.1990 gilt das Erbrecht der früheren DDR. Diese Erbfälle dürften jedoch, von einigen Ausnahmen abgesehen, weitestgehend geregelt sein, so daß die Erläuterung des Erbrechts der früheren DDR in diesem Bande nicht erforderlich ist.

Depot

→ *Bankkonto*

Dreimonatseinrede

Bis zum Ablauf von drei Monaten nach der → *Annahme der Erbschaft* ist der → *Erbe* berechtigt, die Erfüllung von → *Nachlaßverbindlichkeiten* zu verweigern, solange kein Nachlaßinventar (→ *Inventar*) errichtet wurde. Diese Dreimonatseinrede soll dem Erben eine Schonzeit ermöglichen, in der er sich über den → *Nachlaß* informieren und das Nachlaßinventar vorbereiten kann, ohne von Nachlaßgläubigern behelligt zu werden.

Die Dreimonatseinrede hat jedoch nicht die Wirkung, daß Verzug wegen verspäteter Erfüllung von Nachlaßverbindlichkeiten ausgeschlossen wird. Der Erbe kann deshalb trotz Erhebung der Dreimonatseinrede verpflichtet sein, für Verzugszinsen und den Verzugsschaden aufzukommen. Die Einrede kann auch eine Klage oder eine Verurteilung nicht verhindern, sondern hat lediglich zur Folge, daß die Zwangsvollstreckung nur zur Sicherung des Nachlaßgläubigers durchgeführt werden darf.

In der Praxis kommt der Dreimonatseinrede deshalb nur geringe Bedeutung zu.

Dreißigster

In den ersten 30 Tagen nach dem Eintritt des → *Erbfalls* ist der → *Erbe* verpflichtet, Familienangehörigen des → *Erblassers,* die zur Zeit des Todes des Erblassers zu dessen Hausstand gehörten und von ihm Unter-

> **Tip**
>
> **Änderung des Anspruchs**
> Der Anspruch auf den Dreißigsten kann vom Erblasser durch → *Testament* oder → *Erbvertrag* abgeändert werden. Möglich ist der Ausschluß, die Verringerung, die Erhöhung oder Verlängerung des Anspruchs auf Unterhaltsgewährung.

halt bezogen, in demselben Umfang wie früher weiter Unterhalt zu gewähren und die Benutzung der Wohnung und der Haushaltsgegenstände zu gestatten. Als Familienangehörige können unter Umständen auch nichteheliche Lebenspartner angesehen werden.

Dreizeugentestament

→ *Nottestament,* → *Testament*

Dürftigkeitseinrede

Ist die Anordnung der → *Nachlaßverwaltung* oder die Eröffnung des → *Nachlaßkonkurses* nicht sinnvoll, weil die Nachlaßwerte die durch die Verwaltung oder den Konkurs entstehenden Kosten nicht abdecken, oder wird aus diesem Grunde die Nachlaßverwaltung aufgehoben oder das Konkursverfahren eingestellt, dann kann der → *Erbe* die Zahlung einer Nachlaßschuld verweigern, wenn der → *Nachlaß* dafür nicht ausreicht.

Die Haftung der Erben beschränkt sich durch die Erhebung der Dürftigkeitseinrede auf den Nachlaßwert. Dabei ist der Erbe verpflichtet, den Nachlaß zum Ausgleich der Forderungen an die Nachlaßgläubiger herauszugeben.

Das Recht des Erben zur Erhebung der Dürftigkeitseinrede wird nicht dadurch ausgeschlossen, daß ein Gläubiger nach dem Erbfall durch Zwangsvollstreckungsmaßnahmen ein Pfandrecht oder eine Hypothek oder durch eine einstweilige Verfügung eine Vormerkung erlangt hatte.

Ehegattenerbrecht

Das gesetzliche Erbrecht des Ehegatten hängt vom ehelichen → *Güterstand* und vom Grad der Verwandtschaft der außer dem Ehegatten noch vorhandenen gesetzlichen → *Erben*, z. B. Kinder, Eltern und Geschwister, ab.

Nach der → *gesetzlichen Erbfolge* wird der überlebende Partner nur dann Alleinerbe seines verstorbenen Ehepartners, wenn weder Kinder und sonstige Abkömmlinge, noch Eltern und deren Abkömmlinge, also Geschwister des Verstorbenen und deren Kinder und Kindeskinder, noch Großeltern des Verstorbenen vorhanden sind.

Wenn außer dem Ehegatten **Verwandte der ersten Ordnung**, das sind Abkömmlinge des → *Erblassers,* vorhanden sind, ist der Ehegatte zu einem Halb zur → *Erbschaft* berufen. Dies ist aber nur dann der Fall, wenn der gesetzliche Güterstand der **Zugewinngemeinschaft**, der der gesetzliche Regelfall ist, nicht durch notariellen Vertrag abgeändert worden war. Hatten die Eheleute vor dem Notar **Gütertrennung** vereinbart, wird der überlebende Ehepartner bei einem Kind zur Hälfte Erbe, bei zwei Kindern zu einem Drittel und bei drei und mehr Kindern zu einem Viertel Erbe. Lebten die Eheleute im Güterstand der **Gütergemeinschaft**, was ebenfalls notariell vereinbart sein muß, wird der überlebende Ehegatte neben Abkömmlingen zu einem Viertel Erbe.

Neben **Verwandten der zweiten Ordnung**, das sind die Eltern des verstorbenen Ehepartners und dessen Abkömmlinge, oder neben Großeltern wird der Ehegatte beim gesetzlichen Güterstand der **Zugewinngemeinschaft** zu 3/4 Erbe. War Gütertrennung oder Gütergemeinschaft notariell vereinbart, erbt der überlebende Ehegatte lediglich ein Halb.

> Die Erhöhung der Erbquote bei der **Zugewinngemeinschaft** um ein Viertel ist eine pauschalierte Abgeltung des während der Ehe beim anderen Ehegatten entstandenen höheren Vermögenszuwachses, unabhängig davon, ob und in welcher Höhe ein derartiger Zugewinn entstanden war. Dabei stellt der Zugewinn die Hälfte des höheren Vermögenszuwachses des anderen Ehepartners während der Ehe dar.

Beispiel: *Den Eheleuten M und F gehört jeweils zu einem Halb das von ihnen bewohnte Einfamilienhaus, das einen Wert von DM 500.000,– hat. Der ihnen gemeinsam gehörende Hausrat hat einen Wert von DM 50.000,–. Außerdem hat M Wertpapiere und Bankguthaben im Wert von DM 200.000,–.*

Das derzeitige Vermögen von M errechnet sich wie folgt:

Wert des hälftigen Hausanteils	DM 250.000,–
Wert des hälftigen Hausrats	DM 25.000,–
Wert der Bankguthaben und Wertpapiere	DM 200.000,–
Summe	DM 475.000,–

Da bei der Eheschließung kein Anfangsvermögen vorhanden war, beträgt der Vermögenszuwachs des M während der Ehezeit DM 475.000,–.

Der Vermögenszuwachs seiner Frau F errechnet sich wie folgt:

Wert des hälftigen Hausanteils	DM 250.000,–
Wert des hälftigen Hausrats	DM 25.000,–
Summe	DM 275.000,–

Der Vermögenszuwachs der F während der Ehe beläuft sich auf DM 275.000,–.

M hat danach während der Ehezeit einen um DM 200.000,– höheren Vermögenszuwachs erzielt als seine Ehefrau. Dieser höhere Vermögenszuwachs stellt seinen Zugewinn dar.

Die Hälfte dieses Zugewinns, also DM 100.000,–, könnte seine Ehefrau bei Auflösung der Ehe, also insbesondere bei Scheidung, als Zugewinnausgleich beanspruchen. Beim Tode eines Ehegatten steht dem anderen Ehegatten bei der Zugewinngemeinschaft als pauschaler Zugewinnausgleich die Erhöhung der Erbquote um ein Viertel zu.

Statt dieser Erhöhung der Erbquote um ein Viertel bei der Zugewinngemeinschaft kann der überlebende Ehegatte jedoch **auch** die Erbschaft ausschlagen und statt dessen den Ausgleich des Zugewinns sowie den → *Pflichtteil* geltend machen. Diese Möglichkeit steht dem überlebenden Ehegatten auch zu, wenn er nicht als Erbe eingesetzt ist und ihm auch kein Vermächtnis zukommt.

> Diese sogenannte **güterrechtliche Lösung,** die in der Praxis wenig bekannt und selten praktiziert wird, ist insbesondere dann erwägenswert, wenn der verstorbene Ehepartner während der Ehezeit einen erheblichen Vermögenszuwachs erzielte und der Wert des daraus resultierenden Zugewinns den wesentlichen Teil des Wertes des Nachlasses ausmacht.

Zusätzlich zum Erbteil erhält der Ehegatte als gesetzlicher Erbe neben Verwandten der zweiten Ordnung oder neben Großeltern die zum ehelichen Haushalt gehörenden Gegenstände, soweit sie nicht Zubehör des Grundstücks sind, und die Hochzeitsgeschenke als sogenannten → *Voraus*. Ist der überlebende Ehegatte neben Verwandten der ersten Ordnung gesetzlicher Erbe, stehen ihm diese Gegenstände ebenfalls zu, wenn und soweit er sie zur Führung eines angemessenen Haushalts benötigt, was der Regelfall sein dürfte.

Wahl des Erbanspruchs

Da die Erbschaft jedoch nur innerhalb von 6 Wochen nach ihrem Anfall ausgeschlagen werden kann, muß der überlebende Ehepartner, der anstatt der Erbschaft den Zugewinnausgleichsanspruch konkret beanspruchen will, sich schnell entscheiden, ob die pauschale Erhöhung des Erbteils um ein Viertel oder die konkrete Geltendmachung des Zugewinnausgleichsanspruchs zusammen mit dem Pflichtteilsanspruch für ihn günstiger ist.

Tip

Ehegattenfreibetrag bei Zugewinngemeinschaft

Beim gesetzlichen → *Güterstand* der Zugewinngemeinschaft, der der Regelfall ist, wird der Geldbetrag nicht der Erbschaftsteuer unterworfen, den der überlebende Ehegatte als Zugewinnausgleich von seinem Ehepartner hätte beanspruchen können.

Beispiel: Die Eheleute M und F haben keinen Ehevertrag abgeschlossen und leben deshalb im gesetzlichen Güterstand der Zugewinngemeinschaft. Als sie heirateten, hatten sie beide kein Vermögen. Als M stirbt, wird F seine Alleinerbin und erbt den von M aufgebauten Elektroinstallationsbetrieb im Wert von 2 Mio. Da F bei Auflösung der Ehe, d. h. Scheidung, gegen M einen Anspruch auf die Hälfte des von ihm während der Ehe erzielten Vermögenszuwachses gehabt hätte, wird der Betrag von 1 Mio. nicht der Erbschaftsteuer unterworfen.

Ehegattentestament

→ *Gemeinschaftliches Testament*

Ehevertrag

> Durch einen Ehevertrag können Eheleute, auch schon vor der Eheschließung, den ehelichen → *Güterstand* regeln sowie den Versorgungsausgleich ausschließen oder abändern und Vereinbarungen über die → *Unterhaltspflicht* treffen.

Der Ehevertrag, durch den der Güterstand oder der Versorgungsausgleich geregelt wird, muß beim Notar abgeschlossen werden. Vereinbarungen von Eheleuten über Unterhaltspflichten können auch ohne notarielle Mitwirkung wirksam sein.

> **Tip**
> **Vereinbarung**
> Anstelle der Gütertrennung kann deshalb eine Vereinbarung über eine modifizierte Zugewinngemeinschaft sinnvoll sein, wonach der Zugewinnausgleich nur bei Scheidung ausgeschlossen wird.

Haben die Eheleute keinen Ehevertrag geschlossen, leben sie im gesetzlichen Güterstand der Zugewinngemeinschaft mit der Folge, daß der während der Ehe erworbene Vermögenszuwachs bei Scheidung zwischen den Eheleuten gleichmäßig aufgeteilt wird. Erbrechtliche Auswirkungen können sich durch den Ehevertrag bei der Regelung des Güterstandes ergeben, da das gesetzliche → *Ehegattenerbrecht* von dem ehelichen Güterstand abhängt.

Bei durch → *Erbvertrag* geregelter Gütertrennung vermindert sich die gesetzliche Erbquote des Ehegatten, wenn zwei oder mehr Kinder vorhanden sind. Dadurch erhöhen sich gleichzeitig auch die Pflichtteilsansprüche (→ *Pflichtteil*) der Kinder von Eheleuten, die in Gütertrennung leben. Erbschaftsteuerlich hat die Gütertrennung den Nachteil, daß dem überlebenden Ehegatten der Zugewinnausgleichsfreibetrag gemäß § 5 Abs. 1 des Erbschaftsteuergesetzes nicht zusteht, was zu einer steuerlichen Mehrbelastung führen kann.

Eigenhändiges Testament

Die gebräuchlichste Form zur Errichtung eines → *Testaments* ist das eigenhändige Testament. Es wird auch als **privatschriftliches Testament** oder als **Privattestament** bezeichnet.

Beim eigenhändigen Testament **muß** der gesamte Wortlaut des Testaments vom Testierenden **vollständig eigenhändig geschrieben und eigenhändig unterschrieben** sein. Die Unterschrift soll den Vor- und Familiennamen enthalten. Außerdem sollen Ort und Datum der Testamentserrichtung angegeben werden.

> *Mein letzter Wille*
> *Meine Alleinerbin soll meine Ehefrau Nicole werden.*
> *München, den 25. Juli 1998*
> *Eric Meier*

Ein mit der Schreibmaschine geschriebenes privatschriftliches Testament ist unwirksam, ebenso wie ein mit einem Schreibcomputer angefertigtes und handschriftlich unterschriebenes Privattestament.

Enthält das Testament keine Angaben über die Zeit und den Ort der Errichtung und ist es deshalb zweifelhaft, ob es gültig ist oder beispielsweise durch ein späteres aufgehoben wurde, gilt es als ungültig, wenn sich die notwendigen Feststellungen über die Zeit und den Ort der Errichtung nicht treffen lassen.

Wird ein eigenhändig geschriebenes Testament vom Testierenden nicht mit Vor- und Familiennamen, sondern in anderer Weise unterschrieben, z. B. „Euer Vater" oder mit Kose- oder Künstlernamen, und reicht diese Unterzeichnung zur Feststellung der Urheberschaft und der Ernstlichkeit der Erklärung des Testierenden aus, dann ist das Testament trotz der unüblichen Unterschrift gültig.

> **Tip**
>
> **Vollständige Unterschrift**
> Zu empfehlen ist, daß das Testament von dem Testierenden mit Vor- und Nachnamen unterschrieben wird, um Unklarheiten über die Gültigkeit des Testaments gar nicht erst entstehen zu lassen.

Minderjährige können ein eigenhändiges Testament nicht wirksam errichten. Dies gilt auch für Personen, die Geschriebenes nicht lesen können, also insbesondere Blinde und Analphabeten. Sie müssen ein öffentliches Testament vor dem Notar errichten (→ *notarielles Testament*).

Auf Wunsch des Testierenden wird ein eigenhändiges Testament in → *amtliche Verwahrung* genommen. Dies hat den Vorteil, daß im Todesfall die amtliche Testamentseröffnung gewährleistet ist.

Checkliste:
Formerfordernisse für eigenhändige Einzeltestamente

Dies muß bei der Errichtung eines privatschriftlichen Einzeltestaments beachtet werden:

	ja
Testierfähigkeit?	☐
Gesamter Wortlaut vollständig eigenhändig geschrieben?	☐
Eigenhändig unterschrieben?	☐
Unterschrift mit Vor- und Familiennamen versehen?	☐
Datum der Testamentserrichtung angegeben?	☐
Ort der Testamentserrichtung angegeben?	☐

Enterbung

Ein gesetzlicher → *Erbe,* d. h. ein Verwandter, der nach der → *gesetzlichen Erbfolgeregelung* als Erbe vorgesehen ist, oder der nach der gesetzlichen Erbfolgeregelung ebenfalls zum Erben bestimmte Ehegatte, können von der Erbfolge durch → *Testament* oder → *Erbvertrag* ausgeschlossen werden. Der Enterbte wird dann nicht Erbe. Ihm können allerdings, abhängig vom Grad seines Verwandtschaftsverhältnisses zum Erblasser, Pflichtteilsansprüche (→ *Pflichtteil*) zustehen.

Die Enterbung kann dadurch erfolgen, daß ein anderer zum Alleinerben eingesetzt, mehrere andere Personen für den gesamten Nachlaß eingesetzt werden oder gesetzlichen Erben nur der Pflichtteil zugesprochen wird.

Beispiel: *Mein Sohn Dominique erhält nur den Pflichtteil.*
Meine Frau Annette wird meine Alleinerbin (mit dieser Regelung werden die Kinder von der Erbfolge ausgeschlossen).

Ein gesetzlicher Erbe kann allerdings auch von der Erbfolge ausgeschlossen werden, ohne daß ein anderer als Erbe eingesetzt wird (sogenanntes negatives Testament).

Beispiel: *Meine Tochter Eva soll nicht Erbin werden.*

Falls sich aus den Umständen nichts anderes ergibt, wirkt die Enterbung nicht gegenüber den → Abkömmlingen des Enterbten, diese treten vielmehr an seine Stelle.

Beispiel: *Der Erblasser E enterbt seinen einzigen gesetzlichen Erben, seinen Sohn Thomas, ohne einen anderen zum Erben einzusetzen. Dessen Kinder Alfred und Monika, die Enkel des Erblassers, sind an dessen Stelle zur Erbschaft berufen.*

Die Auslegung des Testaments kann jedoch auch ergeben, daß sich die Ausschließung von der Erbfolge auch auf die Abkömmlinge erstrecken soll, insbesondere, wenn der Testierende neben der Ausschließung auch festlegt, wer den → Nachlaß bekommen soll.

> Juristisch bedeutet der Ausdruck Enterbung den Ausschluß von der Erbfolge. Im allgemeinen Sprachgebrauch wird darunter jedoch oft auch die Entziehung des Pflichtteils (→ *Pflichtteilsentziehung*) verstanden. Wenn in einem Testament die Enterbung mit Umständen begründet wird, die zum Entzug des Pflichtteils berechtigen, kann der Ausdruck Enterbung dem allgemeinen Sprachgebrauch entsprechend auch als Pflichtteilsentziehung gewertet werden.

Erbe

Der Erbe ist die Person, auf die das Vermögen und die Verbindlichkeiten des → *Erblassers* im ganzen übergehen. Mit dem Tode des Erblassers wird anstelle des Verstorbenen sein Erbe Inhaber seiner Forderungen, Eigentümer seiner Gegenstände und Schuldner seiner Verbindlichkeiten (**Grundsatz der Gesamtrechtsnachfolge oder Universalsukzession**). Dabei geht mit dem Erbfall das Eigentum an Grundstücken des Erblassers auf den Erben über, auch wenn die Erben noch nicht im Grundbuch eingetragen sind.

Beispiel: Der geschiedene Erblasser E hat eine Forderung in Höhe von DM 30.000,– gegen seine Bank B aus einem Festgeldkonto, schuldet der Hypothekenbank H aus einem Hypothekenkredit DM 100.000,– Restschuld und ist Eigentümer eines Einfamilienhauses im Werte von DM 500.000,–, des Hausrates sowie eines PKW. Sein einziger Sohn Peter ist Alleinerbe und wird mit dem Erbfall Eigentümer des Hauses, des Hausrates und des PKW, Schuldner des Hypothekenkredites über DM 100.000,– und Inhaber der Forderung über DM 30.000,– aus dem Festgeldkonto.

> Bei mehreren Erben gehen das Vemögen und die Verbindlichkeiten auf die Erben zur gesamten Hand über.

Beispiel: Die Kinder Klaus und Inge des Erblassers E, der Eigentümer eines Hauses und eines Autos war und eine Forderung über DM 10.000,– sowie Schulden in Höhe von DM 30.000,– hatte, werden nach seinem Tod seine Erben. Sie werden gemeinschaftlich Eigentümer des Hauses und des Autos, Inhaber der Forderung und Schuldner seiner Verbindlichkeiten.

Die Erben bilden untereinander eine → *Erbengemeinschaft*, die die → *Erbschaft* (→ *Nachlaß*) gemeinschaftlich bis zur Auseinandersetzung verwaltet und gemeinsam für die Nachlaßschulden aufkommen muß.

Nach dem deutschen Erbrecht ist es nicht möglich, einen Erben für einzelne Nachlaßgegenstände, etwa ein Hausgrundstück, einzusetzen. Auf den oder die Erben geht der **gesamte Nachlaß im ganzen** über. Die Zuwendung von einzelnen Gegenständen kann nur durch ein → *Vermächtnis* erfolgen.

Sind einer Person in einem → *Testament* oder → *Erbvertrag* einzelne Gegenstände zugesprochen, die nicht den wesentlichen Teil des Nachlasses ausmachen, und wird die Person als Erbe bezeichnet, ist dennoch nicht anzunehmen, daß sie als Erbe eingesetzt ist, es sei denn, daß sonstige Umstände dafür sprechen, daß ihr der gesamte Nachlaß zukommen soll. Andererseits ist ein Bedachter als Erbe eingesetzt, wenn ihm der → *Erblasser* sein gesamtes Vermögen oder einen Bruchteil seines Vermögens (Erbquote) zuspricht, auch wenn er nicht als Erbe bezeichnet wird.

> **Ausschlagung der Erbschaft**
> Binnen 6 Wochen nach dem Zeitpunkt, in dem der Erbe von dem Erbanfall und dem Grund der Berufung Kenntnis erhält, kann der Erbe die Erbschaft ausschlagen, bei Auslandsaufenthalten binnen 6 Monaten (→ *Ausschlagung*). **Tip**

Erbeinsetzung

Die Erbeinsetzung ist die wichtigste Regelung in einem → *Testament* oder → *Erbvertrag* und bestimmt, wer → *Erbe* des → *Erblassers* sein wird. Jede Person, auch juristische Personen wie eine GmbH, eine Aktiengesellschaft, ein eingetragener Verein, eine Gemeinde oder der Staat, können als Erbe eingesetzt werden.

> Sind mehrere Personen als Erben vorgesehen, müssen die jeweiligen Erbteilsquoten angegeben werden. Werden mehrere Erben ohne Angaben der Erbteilsquote angesetzt, gelten sie grundsätzlich als zu gleichen Teilen zur Erbschaft berufen.

Erbengemeinschaft

Sind mehrere → *Erben* vorhanden, dann gehen das Vermögen und die Verbindlichkeiten des → *Erblassers* auf die Erben **zur gesamten Hand** über. Die Erben bilden untereinander eine Erbengemeinschaft, die die → *Erbschaft* gemeinschaftlich verwaltet und gemeinsam für die Nachlaßschulden aufkommen muß.

Über Nachlaßgegenstände können die Erben nur gemeinschaftlich verfügen. Gehört ein Anspruch zum → Nachlaß, kann der Schuldner nur an alle Erben gemeinschaftlich mit befreiender Wirkung leisten und jeder → Miterbe kann die Leistung nur an alle Erben fordern.

> **Tip**
>
> **Notwendige Maßnahmen**
> Jeder Miterbe ist den anderen gegenüber verpflichtet, bei Maßnahmen mitzuwirken, die zur ordnungsgemäßen Verwaltung erforderlich sind.
> Die **zur Erhaltung notwendigen Maßnahmen** kann aber jeder Miterbe alleine treffen.

Gehören zum Nachlaß ein Einzelhandelsgeschäft oder Anteile an Personengesellschaften (OHG, KG), dann gelten Sonderbestimmungen. Ein Einzelhandelsgeschäft geht zwar auf die Erbengemeinschaft über und die Miterben können es gemeinschaftlich fortführen, für das Rechtsverhältnis der Miterben gelten für die Fortführung des Einzelhandelsgeschäfts jedoch die Regelungen für die OHG, obwohl aus der Erbengemeinschaft erst dann eine OHG wird, wenn zwischen den Erben ausdrücklich oder stillschweigend ein Gesellschaftsvertrag abgeschlossen wird.

War der Erblasser Gesellschafter einer Personengesellschaft (OHG, KG), wird sein Gesellschaftsanteil an der Personengesellschaft nicht gemeinschaftliches Vermögen der Erbengemeinschaft, sondern geht im Wege der Sondererbfolge unmittelbar und geteilt entsprechend der Erbquote auf jeden Erben über.

Grundsätzlich kann jeder Miterbe jederzeit verlangen, daß die Erbengemeinschaft aufgelöst wird, indem der Nachlaß auseinandergesetzt wird. Diese → Auseinandersetzung kommt in der Regel dadurch zustande, daß sich alle Miterben über den Ausgleich der → Nachlaßverbindlichkeiten und die Aufteilung der Nachlaßgegenstände und der Nachlaßwerte einigen.

> Kommt jedoch keine Einigung zwischen den Miterben über die Auseinandersetzung zustande, werden, soweit vorhanden, gleichartige Gegenstände zwischen den Miterben aufgeteilt. Die übrigen Gegenstände werden verkauft oder versteigert, der Erlös wird aufgeteilt.

Beispiel: Die aus den Kindern Walter, Irene und Franziska zu gleichen Teilen bestehende Erbengemeinschaft kann sich über die Verteilung des Nachlasses, der aus einem Hausgrundstück, einer Kunstsammlung, einer GmbH, dem Hausrat sowie einem PKW und Bankguthaben und Hypothekenschulden besteht, nicht einigen. Die Nachlaßgegenstände müssen dann verkauft oder, wenn auch über den Kaufpreis und den Käufer keine Einigung erzielt wird, versteigert werden. Der Nachlaßerlös und das Bankguthaben werden nach Tilgung der Verbindlichkeiten auf die Kinder je zu $^1/_3$ verteilt.

Um der Gefahr von Streitigkeiten und sachfremder Aufteilung und Zersplitterung des Nachlasses durch Verkauf oder Versteigerungen entgegenzuwirken, kann der Erblasser die Nachlaßauseinandersetzung durch → *Teilungsanordnung* oder durch die Einsetzung eines → *Testamentvollstreckers* regeln. Der Erblasser kann auch durch die Einsetzung eines Alleinerben mit der Anordnung von → *Vermächtnissen* zugunsten anderer Personen, denen etwas zugewandt werden soll, das Entstehen einer Erbengemeinschaft verhindern.

> Mit Vermächtnissen und der Einsetzung eines Alleinerben läßt sich der Nachlaß weitestgehend nach den Wünschen des Erblassers aufteilen, ohne Konflikte bei der Verwaltung und Aufteilung des Nachlasses durch eine Erbengemeinschaft zu riskieren.

Erbenhaftung

Der → *Erbe* haftet grundsätzlich mit seinem eigenen Vermögen für die gesamten Verbindlichkeiten des → *Erblassers*. Die Haftung des Erben für die → *Nachlaßverbindlichkeiten* kann sich jedoch auf das Erbschaftsvermögen beschränken, wenn eine → *Nachlaßverwaltung* angeordnet, der → *Nachlaßkonkurs* eröffnet oder mangels Masse abgelehnt wurde. Außerdem kann der Erbe unter gewissen Voraussetzungen die → *Dürftigkeitseinrede* erheben und seine Haftung damit auf den Nachlaßwert beschränken (→ *Haftung des Erben*).

Erbersatzanspruch

→ *Nichteheliches Kind*

Erbfall

Als Erbfall wird der Tod eines Menschen bezeichnet zur Kennzeichnung des Zeitpunktes, in dem das Vermögen und die Verbindlichkeiten des Verstorbenen auf den oder die → *Erben* übergehen.

Erblasser

Als Erblasser wird die Person bezeichnet, deren Vermögen und Verbindlichkeiten mit ihrem Tod auf den oder die → *Erben* übergehen.

Erbschaft

Unter Erbschaft oder → *Nachlaß* wird die Gesamtheit des Vermögens und der Verbindlichkeiten des → *Erblassers* verstanden, das auf den oder die Erben nach den Regelungen des Gesetzes übergeht.

Erbschaftsanspruch

Als Erbschaftsanspruch wird das Recht des → *Erben* bezeichnet, von jedem, der aufgrund eines ihm in Wirklichkeit nicht zustehenden Erbrechts etwas aus der → *Erbschaft* erlangt hat (→ *Erbschaftsbesitzer*), die Herausgabe zu verlangen. Herauszugeben ist auch, was der Erbschaftsbesitzer durch Rechtsgeschäft mit Mitteln der Erbschaft erwarb. Außerdem ist der Erbschaftsbesitzer verpflichtet, dem Erben über den Bestand der Erbschaft und über den Verbleib der Erbschaftsgegenstände Auskunft zu erteilen.

Erbschaftsbesitzer

Erbschaftsbesitzer ist derjenige, der aufgrund eines ihm in Wirklichkeit nicht zustehenden Erbrechts etwas aus einer → *Erbschaft* erlangt hat. Er ist zur Herausgabe gegenüber dem wirklichen Erben verpflichtet (→ *Erbschaftsanspruch*).

Erbschaftsteuer

s. Abschnitt „Das neue Erbschaftsteuerrecht"

Erbschein

Der Erbschein ist ein amtliches Zeugnis des → *Nachlaßgerichts* über die Rechte des → *Erben* und legitimiert diesen im Rechtsverkehr als Erben. Sind mehrere Erben vorhanden, wird im Erbschein die jeweilige **Erbteilsquote** angegeben. Mehreren Erben kann ein gemeinschaftlicher Erbschein erteilt werden, in dem alle Erben mit ihren jeweiligen Erbteilsquoten aufgeführt sind.

Möglich ist jedoch auch die Ausstellung eines **Teilerbscheins,** der lediglich Angaben über das Erbrecht eines der Erben enthält. Ein Teilerbschein ist für einen → *Miterben* in der Regel jedoch nur sinnvoll, wenn er die Tatsachen, die das Erbrecht der Miterben begründen, nicht belegen kann und die Legitimation seiner Erbteilsquote benötigt.

Verfügungsbeschränkungen des Erben, die der → *Erblasser* anordnete, beispielsweise → *Testamentsvollstreckung* oder → *Vor- und Nacherbschaft,* werden im Erbschein vermerkt.

Der Erbe benötigt den Erbschein in der Regel, um sich als berechtigter Erbe ausweisen und über Nachlaßwerte verfügen zu können, insbesondere als Nachweis gegenüber Banken, um über Bankguthaben (→ *Bankkonto*) des Erblassers zu verfügen und sich im Grundbuch als neuer Eigentümer von Grundstücken eintragen zu lassen.

Der Erbschein darf nur erteilt werden, wenn das Nachlaßgericht die für dessen Ausstellung erforderlichen Tatsachen als festgestellt ansieht. Nach dem Gesetz besteht deshalb eine Vermutung dafür, daß demjenigen, der in einem Erbschein als Erbe bezeichnet wird, das im Erbschein angeführte Erbrecht auch zusteht und daß dies nur beschränkt ist, wenn diese Beschränkung im Erbschein auch angegeben ist. Diese gesetzliche Vermutung kann durch Tatsachen jedoch widerlegt werden.

Ein Gericht ist an den Inhalt eines Erbscheins nicht gebunden. Allerdings muß derjenige, der sich auf die Unrichtigkeit eines Erbscheins beruft, in der Regel die Tatsachen, aus denen sich die Unrichtigkeit ergibt, nachweisen.

Stellt sich nachträglich heraus, daß ein ausgestellter Erbschein unrichtig ist, zieht das Nachlaßgericht den Erbschein wieder ein. Mit der Einziehung verliert er seine Legitimationswirkung.

> Der Erbschein wird vom Nachlaßgericht nur auf Antrag erteilt. Antragsberechtigt sind der Alleinerbe, falls mehrere Erben vorhanden sind, jeder Miterbe, außerdem der Nacherbe, der Ersatzerbe und der Testamentsvollstrecker.

Erbunwürdigkeit

Erbunwürdig ist, wer den → *Erblasser* durch arglistige Täuschung oder widerrechtlich durch Drohung veranlaßt hat, eine → *Verfügung von Todes wegen* zu errichten oder aufzuheben. Erbunwürdig ist außerdem, wer den Erblasser vorsätzlich oder widerrechtlich daran gehindert hat, eine Verfügung von Todes wegen zu errichten oder aufzuheben oder wer sich in bezug auf eine Verfügung des Erblassers von Todes wegen einer Urkundenfälschung strafbar gemacht hat. Außerdem ist derjenige erbunwürdig, der den Erblasser vorsätzlich oder widerrechtlich zu töten versuchte oder tötete oder so verletzte, daß der Erblasser bis zu seinem Tode unfähig war, eine Verfügung von Todes wegen zu errichten oder aufzuheben.

Tip

Anfechtung
Eine Anfechtung der Erbschaft des Erbunwürdigen ist nicht mehr möglich, wenn der Erblasser dem Erbunwürdigen verziehen hat. Außerdem ist keine Erbunwürdigkeit mehr gegeben, wenn die letztwillige Verfügung, deren Errichtung vom Erbunwürdigen rechtswidrig veranlaßt wurde, unwirksam wird oder die Verfügung, zu deren Aufhebung der Erblasser rechtswidrig bestimmt wurde, aus anderen Gründen unwirksam geworden wäre.

Die Erbunwürdigkeit kann von einem Gericht nicht automatisch berücksichtigt werden. Erforderlich ist vielmehr die **Anfechtung der Erbschaft** des Erbunwürdigen durch Erhebung einer Anfechtungsklage innerhalb eines Jahres ab Kenntnis des Anfechtungsgrundes. Dabei kann eine Anfechtungsklage nur von demjenigen erhoben werden, dem der Wegfall des Erbunwürdigen zugute kommt. Sind mehrere anfechtungsberechtigt, dann kann jeder alleine das Anfechtungsrecht ausüben.

Wird ein Erbe vom Gericht für erbunwürdig erklärt, fällt die Erbschaft demjenigen zu, der zur Erbschaft berufen wäre, wenn der Erbunwürdige zur Zeit des Erbfalls nicht gelebt hätte.

Erbvertrag

Der Erbvertrag ist ein **gegenseitiger Vertrag**, mit dem die Erbfolge geregelt wird. Als → *Erbe* oder → *Vermächtnisnehmer* kann der andere Vertragsschließende, aber auch ein nicht am Erbvertrag beteiligter Dritter eingesetzt werden.

Beispiel: Wir setzen uns gegenseitig zum alleinigen und ausschließlichen Erben ein. Nach dem Tode des Längerlebenden ist unser Sohn Peter Alleinerbe. Diese Verfügungen sind vertragsgemäß und nicht abänderbar. Sie werden von uns gegenseitig angenommen.

Lothar Meier   Edith Meier

Volker Brinks
Notar

Der Erbvertrag kann nur **vor einem Notar bei gleichzeitiger Anwesenheit beider Vertragsteile** geschlossen werden. Dabei werden die Vertragsschließenden vom Notar über Form, Inhalt und Wirkung des Erbvertrages beraten.

Der → *Erblasser* muß bei Abschluß des Erbvertrages grundsätzlich volljährig sein. Ausnahmeregelungen gelten bei Ehegatten und Verlobten. Geschäftsunfähige können keine Erbverträge abschließen.

Die besondere Wirkung des Erbvertrages besteht darin, daß vertragsmäßige Verfügungen über → *Erbeinsetzungen,* → *Vermächtnisse* und → *Auflagen* **bindend sind und nicht** wie bei Einzeltestamenten **wider-**

rufen werden können. Zu beachten ist aber, daß der Erbvertrag bindende vertragsmäßige Verfügungen und einseitig widerrufliche Verfügungen enthalten kann. Entscheidend ist der erkennbare Wille der Vertragsschließenden, eine Verfügung der vertraglichen Bindung zu unterstellen. Um Zweifel auszuschließen, empfiehlt sich eine Klarstellung im Vertrag.

Die Änderung einer vertragsmäßigen Verfügung ist nur durch einen neuen Erbvertrag – bei Ehegatten auch durch → *gemeinschaftliches Testament* – derjenigen Personen möglich, die den ursprünglichen Erbvertrag geschlossen haben. Eine vertragsmäßige Regelung über ein Vermächtnis oder eine Auflage kann vom Erblasser außerdem dann durch ein neues → *Testament* aufgehoben werden, wenn der Vertragsschließende seine Zustimmung erteilt und die Zustimmungserklärung notariell beurkundet wird. Nach dem Tod eines Vertragsschließenden ist eine Änderung der vertragsmäßig getroffenen Verfügung über Erbeinsetzung, Vermächtnisse und Auflagen grundsätzlich nicht mehr möglich.

> Bei schweren Verfehlungen des Bedachten, bei Aufhebung der Gegenverpflichtung des Bedachten oder wenn der Rücktritt im Erbvertrag vorbehalten wurde, kann der Erblasser durch notariell beurkundete Erklärung gegenüber seinem Vertragspartner vom Erbvertrag allerdings zurücktreten. Der Rücktritt ist in diesem Fall auch nach dem Tod des Vertragspartners durch Testament möglich. Außerdem kann bei Vorliegen besonderer Voraussetzungen der Erbvertrag angefochten werden (→ *Anfechtung*). Die Anfechtung kann auch noch nach dem Tode des Vertragspartners erfolgen.

Erbverzicht

Verwandte und der Ehegatte oder Verlobte eines → *Erblassers* können durch einen Erbverzichtsvertrag mit dem Erblasser auf ihr gesetzliches Erbrecht und ihre Pflichtteilsansprüche oder nur auf die Pflichtteilsansprüche verzichten. Dieser Erbverzichtsvertrag bedarf der **notariellen Beurkundung.**

In der Regel kommt ein Erbverzichtsvertrag nur zustande, wenn der Verzichtende einen Ausgleich für seinen Erbverzicht erhält. Der Erbverzichtsvertrag ist damit ein Instrument für die vorweggenommene Erbfolgeregelung.

Der auf sein gesetzliches Erbrecht Verzichtende wird rechtlich so behandelt, als wenn er beim → *Erbfall* nicht leben würde. Ihm steht auch kein Pflichtteilsrecht zu, es sei denn, der Pflichtteilsanspruch wird im Erbverzichtsvertrag vom Verzicht ausgeschlossen. Wenn in diesem Vertrag nichts anderes vereinbart wird, erstreckt sich der Verzicht eines Abkömmlings oder eines Seitenverwandten eines Erblassers auch auf seine Abkömmlinge.

Möglich ist allerdings auch, daß ein gesetzlicher Erbe zugunsten eines Dritten auf sein Erbrecht verzichtet. Im Zweifel ist dann anzunehmen, daß der Verzicht nur für den Fall gelten soll, daß der Dritte Erbe wird.

> Verzichtet ein Abkömmling des Erblassers auf das gesetzliche Erbrecht, so ist im Zweifel anzunehmen, daß der Verzicht nur zugunsten der anderen Abkömmlinge und des Ehegatten des Erblassers gelten soll.

Ersatzerbe

Für den Fall, daß der vorgesehene → *Erbe* die → *Erbschaft* nicht antritt, beispielsweise weil er vor dem → *Erblasser* stirbt, sie ausschlägt oder für erbunwürdig erklärt wird, kann ein Ersatzerbe eingesetzt werden.

Beispiel: Meine Ehefrau Christiane ist meine Alleinerbin. Ersatzerbin ist meine Schwester Monika.

Wurde kein Ersatzerbe bestimmt, gelten bei Abkömmlingen, die als Erben eingesetzt sind, im Zweifel deren Abkömmlinge als Ersatzerben, soweit sie bei der → *gesetzlichen Erbfolge* an dessen Stelle treten würden

Beispiel: G setzt seinen Sohn S als Alleinerben ein, seine Tochter T wird nicht als Erbin eingesetzt. S stirbt jedoch vor G und hinterläßt zwei Kinder E1 und E2, die als Ersatzerben von S jeweils zu einem Halb als Erben von G zur Erbschaft berufen sind.

Ebenso sieht die Rechtsprechung in der Regel die Abkömmlinge von als Erben eingesetzten nahen Angehörigen als Ersatzerben an, nicht jedoch die Abkömmlinge von eingesetzten Erben, zu denen der Erblasser keine besonders engen Beziehungen hatte.

Sind die eingesetzten → *Miterben* gegenseitig als Ersatzerben vorgesehen oder sind für einen von ihnen die übrigen als Ersatzerben eingesetzt, so ist im Zweifel anzunehmen, daß sie nach dem Verhältnis ihrer Erbteile als Ersatzerben gelten.

Erschöpfungseinrede

War → *Nachlaßkonkurs* angeordnet und wurde dieser durch Verteilung der Erbschaftsmasse oder durch Zwangsvergleich beendet, kann der → *Erbe* die Erfüllung der Forderungen von → *Nachlaßgläubigern* verweigern, wenn der → *Nachlaß* durch die im Nachlaßkonkurs bezahlten Nachlaßforderungen erschöpft ist.

Geliebtentestament

Nach der früheren Rechtsprechung wurden → *Testamente* und → *Erbverträge* zugunsten einer außerehelichen Geliebten grundsätzlich als sittenwidrig angesehen und waren damit unwirksam. Der Wertewandel in den vergangenen Jahrzehnten hat jedoch durch veränderte Moralvorstellungen auch eine Änderung der Rechtsprechung zur Wirksamkeit der Geliebtentestamente herbeigeführt.

Nach der jetzigen Rechtsprechung wird die Entlohnung von Geschlechtsverkehr zwar nach wie vor als **sittenwidrig** beurteilt. Ein Geliebtentestament wird aber nicht deshalb als unwirksam angesehen, weil der Ehepartner und die Verwandten dadurch enterbt werden. Für die Beurteilung der Sittenwidrigkeit wird vielmehr entscheidend auf die unredliche Gesinnung des → *Erblassers* abgestellt.

Wird das Geliebtentestament nicht als Entgelt und Belohnung für die sexuelle Beziehung eingestuft, kommt es auf die Gesamtumstände und die konkreten Auswirkungen des Geliebtentestaments an. Für die Wirksamkeit des Geliebtentestaments spricht insbesondere, wenn für die Zuwendung neben der sexuellen Beziehung andere, von der Rechtsprechung anerkannte Gründe, z. B. Pflegeleistungen, Haushaltsführung, maßgeblich waren.

> Gegen die Wirksamkeit eines Geliebtentestaments kann sprechen, wenn dadurch das Vermögen, das der Erblasser nicht selbst erarbeitete, sondern das von der Mutter des enterbten Kindes stammt, auf die Geliebte übertragen wird.

Gemeinschaftliches Testament

Gemeinschaftliche → *Testamente* können nur von Ehegatten errichtet werden. Sie werden deshalb gelegentlich als **Ehegattentestamente** bezeichnet. Ebenso wie Einzeltestamente können sie als öffentliche Testamente oder → *eigenhändige Testamente* errichtet werden.

Beim **eigenhändigen Ehegattentestament** genügt es, wenn einer der Ehegatten das Testament eigenhändig schreibt, unterschreibt sowie mit dem Datum versieht und den Ort der Niederschrift angibt. Der andere Ehegatte muß das Testament ebenfalls eigenhändig unterzeichnen und wiederum Datum und Ort der Unterschrift angeben.

> *Gemeinschaftliches Testament*
> *Wir setzen uns gegenseitig zum Alleinerben ein.*
> *Freiburg, den 30. Mai 1998*   *Bernhard Albrecht*
> *Freiburg, den 30. Mai 1998*   *Christine Albrecht*

Die besondere Wirkung des gemeinschaftlichen Testaments besteht darin, daß bei **sogenannten wechselbezüglichen Verfügungen** über → *Erbeinsetzungen,* → *Vermächtnisse* oder → *Auflagen,* d. h. Verfügungen, von denen anzunehmen ist, daß die Verfügung des einen Ehegatten nicht ohne die Verfügung des anderen getroffen wurde, der → *Widerruf* oder die Nichtigkeit einer Verfügung die Unwirksamkeit der anderen zur Folge hat. Dabei handelt es sich im Zweifel um wechselbezügliche Verfügungen, wenn sich die Ehegatten gegenseitig bedenken oder wenn dem einen Ehegatten von dem anderen eine Zuwendung gemacht und für den Fall des Überlebens des Bedachten eine Verfügung zugunsten einer Person getroffen wird, die mit dem anderen Ehegatten verwandt ist oder ihm sonst nahesteht.

> **Tip**
> **Widerruf**
> Der Widerruf einer wechselbezüglichen Verfügung kann bei Lebzeiten der Ehegatten nur durch notariell beurkundete Erklärung gegenüber dem anderen Ehegatten erfolgen.

Nach dem Tod eines Ehegatten erlischt grundsätzlich das Recht des anderen zum Widerruf. Nur wenn er das ihm durch das gemeinschaftliche Testament Zugewandte ausschlägt, kann er seine wechselbezüglichen Verfügungen nach dem Tode seines Ehegatten noch aufheben. Nicht wechselbezügliche Verfügungen können hingegen ohne Wissen des anderen und sogar gegen dessen Willen auch durch ein neues einseitiges Testament ganz oder teilweise widerrufen werden. Dies kann auch nach dem Tode des anderen Ehegatten geschehen. Dessen Verfügung bleibt vom Widerruf unberührt.

Zu beachten ist, daß ein gemeinschaftliches Testament mit Auflösung der Ehe, z. B. →*Scheidung*, unwirksam wird, wenn nicht anzunehmen ist, daß es auch nach ihrer Auflösung gültig sein soll. Außerdem kann es jederzeit von beiden Ehegatten gemeinsam widerrufen oder durch ein neues gemeinschaftliches Testament oder durch einen →*Erbvertrag* zwischen den Eheleuten abgeändert werden.

Besonderheiten gelten für gemeinschaftliche Testamente, die in der DDR vor dem Beitritt zur BRD errichtet wurden (→ *DDR, ehemalige*).

Checkliste:
Formerfordernisse für eigenhändige Ehegattentestamente

	ja
Beide Ehegatten testierfähig?	☐
Gesamter Wortlaut von einem Ehegatten vollständig eigenhändig geschrieben?	☐
Eigenhändig von diesem Ehegatten mit Vor- und Familiennamen unterschrieben?	☐
Datum und Ort der Niederschrift von diesem Ehegatten auf dem Testament vermerkt?	☐
Unterschrift des anderen Ehegatten mit Vor- und Familiennamen?	☐
Angabe von Datum und Ort der Unterschrift des anderen Ehegatten?	☐

Gesamtrechtsnachfolge

Als Gesamtrechtsnachfolge wird der Umstand bezeichnet, daß mit dem Tode einer Person dessen Vermögen sowie dessen Verbindlichkeiten als Ganzes auf den oder die → *Erben* übergehen. Dieser Übergang tritt durch die gesetzliche Regelung ein, ohne daß ein Übertragungsakt erforderlich ist. Mit dem Tode des → *Erblassers* werden deshalb an Stelle des Verstorbenen dessen Erben Inhaber seiner Forderungen, Eigentümer seiner Gegenstände und Schuldner seiner Verbindlichkeiten.

> Auch das Eigentum am Grundstück geht mit dem Todesfall auf den Erben über, auch wenn die neue Eigentümerposition nicht im Grundbuch eingetragen ist.

Geschäftsfähigkeit

→ *Testierfähigkeit*

Gesetzliche Erbfolge

Als gesetzliche Erbfolge wird die im Gesetz vorgesehene Erbfolgeregelung bezeichnet, die immer dann zur Anwendung kommt, wenn sie vom → *Erblasser* nicht durch → *Testament* oder → *Erbvertrag* individuell bestimmt wurde. Als gesetzliche → *Erben* kommen der Ehepartner des Erblassers und die Blutsverwandten, in erster Linie die → *Abkömmlinge* des Erblassers in Betracht. Ist zur Zeit des → *Erbfalls* weder ein Ehepartner noch ein Blutsverwandter des Erblassers vorhanden, dann ist der Staat als gesetzlicher Erbe vorgesehen.

Das gesetzliche Erbrecht der Verwandten richtet sich nach dem **Grad ihres Verwandtschaftsverhältnisses** zum Erblasser. Es wird vom Gesetz nach verschiedenen „**Ordnungen**" (Parentelsystem) eingeteilt.

Welche Verwandten zur gesetzlichen Erbfolge berufen sind, richtet sich danach, welcher Ordnung sie angehören. Dabei sind die Verwandten einer nachfolgenden Ordnung nicht zur → *Erbschaft* berufen, solange zumindest ein Verwandter einer vorhergehenden Ordnung vorhanden ist. Die Verwandten zweiter Ordnung sind danach nur zur Erbschaft berufen, wenn kein Verwandter erster Ordnung vorhanden ist. Die Verwandten dritter Ordnung erben nur, wenn kein Verwandter zweiter und erster Ordnung vorhanden ist, etc.

Gesetzliche Erben der **ersten Ordnung** sind die Abkömmlinge (Kinder und Kindeskinder) des Erblassers. Die Abkömmlinge werden dabei in sog. Stämme eingeteilt. Jedes Kind des Erblassers bildet mit seinen Kindern und Kindeskindern einen Stamm.

Beispiel: E hinterläßt seinen Sohn Holger mit dessen Kindern Horst und Helga sowie seine Tochter Berta mit ihren Kindern Bernd und Beate. Holger mit seinen Kindern und Berta mit ihren Kindern bilden jeweils einen Stamm.

Innerhalb der Stämme schließt ein zur Zeit des Erbfalls lebender Abkömmling die durch ihn mit dem Erblasser verwandten Abkömmlinge von der Erbfolge aus. Danach sind in erster Linie die Kinder des Erblassers zur Erbschaft berufen. In obigem Beispiel erben Sohn Holger und Tochter Berta und schließen ihre Kinder von der Erbfolge aus.

Gesetzliche Erbfolge

An die Stelle eines beim Erbfall nicht mehr lebenden Abkömmlings treten dessen Abkömmlinge.

Beispiel: Erblasser E hinterläßt seine Tochter Margot und die Kinder seines vorverstorbenen Sohnes Siegfried, die Enkel Peter und Christine. An die Stelle des nicht mehr lebenden Siegfried treten die Enkel Peter und Christine.

Die Höhe des Erbanteils der Verwandten richtet sich nach der Anzahl der Stämme. Die Stämme erben zu gleichen Teilen.

Beispiel: E hinterläßt seine Kinder Berthold, Hans und seinen Enkel Karl, der Sohn seiner verstorbenen Tochter Klara. Jeder Stamm ist zu gleichen Teilen, also zu einem Drittel, zur Erbschaft berufen. Die Kinder Berthold und Hans und der Enkel Karl werden jeweils zu einem Drittel Erben.

Fällt ein Stammerbteil an mehrere Nachkommen, so werden die Nachkommen wiederum in Stämme eingeteilt, die zu gleichen Teilen zur Erbschaft berufen sind.

Beispiel: Erblasser E hinterläßt seinen Sohn Albert und seine Enkel Dorothea und Diana, Kinder seiner vorverstorbenen Tochter Monika. An die Stelle der nicht mehr lebenden Monika treten Dorothea und Diana, an die zu gleichen Teilen das Stammerbteil fällt. Albert wird danach zu einem Halb, Dorothea und Diana werden jeweils zu einem Viertel gesetzliche Erben.

Tip — Stammbaum
Bei komplizierteren Familienverhältnissen lassen sich die Erbanteile anhand eines Stammbaumes bestimmen.

Bei komplizierteren Familienverhältnissen lassen sich die Erbanteile anhand eines Stammbaumes bestimmen.

Beispiel: Der hochbetagte Erblasser E hinterläßt mehrere Kinder (K), Enkel (E) und Urenkel (UE). Die im Schaubild mit † versehenen Abkömmlinge sind vorverstorben, ihre in Klammern angegebenen Erbteilquoten gehen auf ihre Abkömmlinge über.

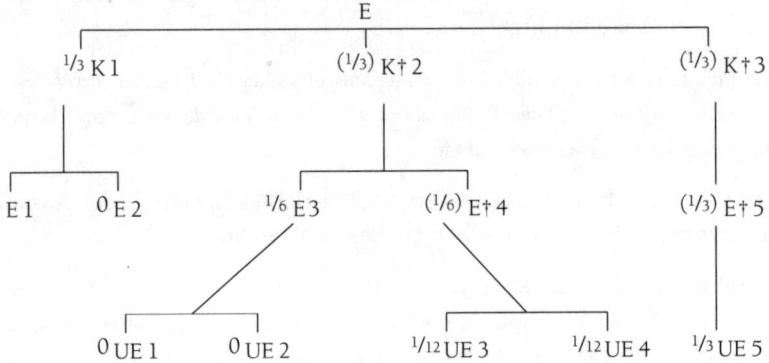

K1 erbt ein Drittel und schließt seine Kinder E 1 und E 2 von der Erbfolge aus. E3 erhält ein Sechstel, die Hälfte des Erbteils von K 2 und schließt seine Kinder UE1 und UE2 von der Erbfolge aus. UE3 und UE4 erhalten zusammen den Erbteil von E4, jeder erhält ¹/12. UE5 erhält den Drittelerbteil von K3, der über E5 auf ihn übergegangen ist.

Gesetzliche Erben der **zweiten Ordnung** sind die Eltern des Erblassers und deren Abkömmlinge. Leben zur Zeit des Erbfalls die Eltern, so erben sie allein und zu gleichen Teilen.

Beispiel: *Der kinderlose, unverheiratete oder verwitwete Erblasser hinterläßt seine Eltern und Geschwister. Die Eltern werden jeweils zu einem Halb gesetzliche Erben.*

Leben zur Zeit des Erbfalls der Vater oder die Mutter nicht mehr, treten an die Stelle des Verstorbenen dessen Abkömmlinge nach den für die Beerbung in der ersten Ordnung geltenden Vorschriften.

Beispiel: *Der kinderlose, unverheiratete oder verwitwete Erblasser hinterläßt seine Mutter und einen Bruder. Seine Mutter und sein Bruder werden jeweils zu einem Halb gesetzliche Erben.*

Sind Abkömmlinge des Verstorbenen nicht vorhanden, erbt der überlebende Elternteil allein.

Beispiel: *Der kinderlose, nicht verheiratete Erblasser E, der keine Geschwister hat, stirbt nach seinem Vater. Seine Mutter ist Alleinerbin.*

Gesetzliche Erben der **dritten Ordnung** sind die Großeltern des Erblassers und deren Abkömmlinge. Leben die Großeltern z. Z. des Erbfalls, erben sie wiederum allein und zu gleichen Teilen. Die Urgroßeltern des Erblassers und deren Abkömmlinge sind gesetzliche Erben der vierten Ordnung. Gesetzliche Erben der ferneren Ordnung sind die entfernteren Voreltern des Erblassers und deren Abkömmlinge.

> **Güterstand entscheidend**
>
> Das gesetzliche Erbrecht des Ehepartners hängt vom ehelichen → *Güterstand* und vom Grad der Verwandtschaft der als gesetzliche Erben vorgesehenen Blutsverwandten ab. Die Einzelheiten der gesetzlichen Erbfolgeregelung des Ehepartners sind unter dem Stichwort → *Ehegattenerbrecht* dargelegt.
>
> **Tip**

Gewillkürte Erbfolge

Als gewillkürte Erbfolge wird die vom → *Erblasser* aufgrund seiner → *Testierfreiheit* individuell durch → *Testament* oder → *Erbvertrag* bestimmte Erbfolgeregelung bezeichnet.

Gütergemeinschaft

→ *Ehegattenerbrecht*

Güterstand

Das gesetzliche Erbrecht des Ehegatten und damit auch der Pflichtteilsanspruch des Ehegatten hängt vom ehelichen Güterstand ab. Haben die Eheleute keine notarielle Regelung über den Güterstand getroffen, leben sie im gesetzlichen Güterstand der Zugewinngemeinschaft. Die Eheleute können vor dem Notar jedoch auch Gütertrennung oder Gütergemeinschaft vereinbaren.

> Die Auswirkungen des ehelichen Güterstandes auf das gesetzliche Erbrecht des Ehegatten sind unter dem Stichwort → *Ehegattenerbrecht* erläutert.

Gütertrennung

→ *Ehegattenerbrecht*

Haftung des Erben

Der →*Erbe* **haftet für die gesamten Verbindlichkeiten** des →*Erblassers* und für die Verbindlichkeiten, die sich durch den →*Erbfall* ergeben, die sogenannten Erbfallschulden, sowie für die Verbindlichkeiten, die sich aus der Verwaltung und der Abwicklung des →*Nachlasses* ergeben. Diese Erbenhaftung für die Nachlaßverbindlichkeiten ist nicht auf den Wert des ererbten Nachlasses beschränkt. Der Erbe haftet für die Nachlaßverbindlichkeiten vielmehr in vollem Umfang auch persönlich mit seinem Privatvermögen.

Er hat allerdings die Möglichkeit, **die Haftung** durch verschiedene Maßnahmen **zu beschränken:**

- **Vor** der →*Annahme* der Erbschaft kann ein Anspruch, der sich gegen den Nachlaß richtet, nicht gerichtlich geltend gemacht werden. Zur Fortsetzung eines durch den Tod des Erblassers unterbrochenen Prozesses ist der Erbe nicht verpflichtet. Bei außergerichtlicher Geltendmachung von Ansprüchen gegen den Nachlaß gerät der Erbe vor Annahme der Erbschaft nicht in Verzug.

- **Nach** der Erbschaftsannahme kann der Erbe innerhalb der ersten drei Monate nach dem Erbfall die Befriedigung der Nachlaßgläubiger mit der Erhebung der sogenannten →*Dreimonatseinrede* verweigern.

- Außerdem kann der Erbe ein →*Aufgebotsverfahren* einleiten, bei dem die →*Nachlaßgläubiger* zur Anmeldung ihrer Forderungen aufgefordert werden.

> Während des Aufgebotsverfahrens kann der Erbe die Erfüllung einer Nachlaßverbindlichkeit verweigern, wenn er den Antrag auf Einleitung des Aufgebots der Nachlaßgläubiger innerhalb eines Jahres nach der Erbschaft gestellt hat und der Antrag zugelassen wurde.

Gegen die Gläubiger, die ihre Forderung im Aufgebotsverfahren nicht anmeldeten, kann ein **Ausschlußurteil** (§ 952 ZPO) erlassen werden. Nach Ausschluß kann der Erbe den Ausgleich der Forderungen der ausgeschlossenen Gläubiger verweigern, wenn der Nachlaß durch die Regulierung der Forderungen der nicht ausgeschlossenen Gläubiger verbraucht ist. Dies gilt allerdings nicht für Pflichtteilsansprüche, für Ansprüche aus → *Vermächtnissen* und → *Auflagen,* da diese Ansprüche dem Erben durch die → *letztwillige Verfügung* bekannt sind, und nicht für Gläubiger, deren Ansprüche auf einen Nachlaßgegenstand durch Pfandrechte, Eintragung einer Vormerkung im Grundbuch oder Aussonderungsrechte im Konkurs gesichert sind.

Eine Beschränkung der Haftung des Erben für die Nachlaßschulden auf den Nachlaß tritt ein, wenn eine → *Nachlaßverwaltung* angeordnet oder ein → *Nachlaßkonkurs* eröffnet ist. In diesen Fällen haftet der Erbe für die Nachlaßschulden nicht mehr persönlich mit seinem Privatvermögen, sondern nur noch mit dem Nachlaß selbst. Reicht der Nachlaß für die Kosten der Nachlaßverwaltung oder des Nachlaßkonkurses nicht aus, steht dem Erben die → *Dürftigkeitseinrede* zu mit der Folge, daß er die Erfüllung der Forderung eines Nachlaßgläubigers verweigern kann, soweit der Nachlaß nicht ausreicht.

> **Nachlaßverwaltung**
>
> Wer Erbe geworden ist, aber nicht absehen kann, ob der Wert des Nachlasses die Nachlaßschulden deckt und aus persönlichen Gründen die Erbschaft nicht ausschlagen will, sei es, weil er die Hoffnung hat, daß der Nachlaßwert die Nachlaßschulden übersteigt oder weil er an persönlichen Gegenständen des Erblassers hängt, sollte zur Absicherung die **Nachlaßverwaltung** beantragen, um ggf. eine persönliche Haftung bei später festgestellter Überschuldung des Nachlasses zu verhindern.
>
> **Tip**

Haftung bei Firmenfortführung

Wenn der Erblasser Inhaber eines Einzelhandelsgeschäftes oder persönlich haftender Gesellschafter einer Offenen Handelsgesellschaft (OHG) oder Kommanditgesellschaft (KG) war, haftet der Erbe auch für die Geschäftsschulden. Hierzu gehören insbesondere Verpflichtungen aus Lieferantenlieferungen, Miete, Gehälter. Eine Beschränkung der Haftung des Erben auf die Geschäftsschulden des Erblassers nach den oben dargelegten Grundsätzen ist nicht möglich, wenn der Erbe oder die Erbengemeinschaft das Handelsgeschäft unter der bisherigen Firmierung, auch wenn dem Namen des Handelsgeschäftes ein Zusatz als Hinweis auf das Nachfolgeverhältnis beigefügt wird, fortsetzt.

Beispiel: *Der Erblasser war Inhaber des Sportgeschäftes Friedrich Enders Sporthaus. Seine verheiratete Tochter Monika Vogel wird Alleinerbin und führt das Sporthaus unter der Firmierung Friedrich Enders Sporthaus, Inhaberin Monika Vogel, fort.*

Die unbeschränkte Erbenhaftung bei Fortführung des Handelsgeschäftes unter der bisherigen Firmierung entfällt lediglich dann, wenn der Erbe die Fortführung des Geschäfts innerhalb von drei Monaten nach Kenntnis von der Erbschaft einstellt.

> Der Erbe eines persönlich haftenden Gesellschafters einer OHG oder KG haftet **für alle Geschäftsschulden in vollem Umfang persönlich und unbeschränkbar**, wenn die OHG oder KG mit ihm fortgeführt wird.

Innerhalb einer Frist von drei Monaten ab Kenntnis vom Erbfall kann der Erbe allerdings sein Verbleiben in der Gesellschaft davon abhängig machen, daß ihm unter Belassung des bisherigen Gewinnanteils die Stellung eines nur mit seinem Kommanditanteil haftenden Kommanditisten eingeräumt wird und der auf ihn fallende Teil der Einlage des Erblassers als seine Kommanditeinlage anerkannt wird.

Nehmen die übrigen Gesellschafter einen solchen Antrag des Erben nicht an, so ist dieser berechtigt, ohne Einhaltung einer Kündigungsfrist sein Ausscheiden aus der Gesellschaft zu erklären. Scheidet der Erbe dann innerhalb der Dreimonatsfrist aus der Gesellschaft aus oder wird innerhalb dieser Frist die Gesellschaft aufgelöst oder dem Erben die Stellung eines Kommanditisten eingeräumt, dann haftet er für die bis dahin entstandenen Schulden der OHG oder KG nur nach den oben dargelegten allgemeinen Haftungsbestimmungen für den Erben. Er kann dann die den Erben zustehenden Haftungsbeschränkungen, insbesondere die Nachlaßverwaltung, in Anspruch nehmen.

Haftung der Miterben

Mehrere Erben haften für die gemeinschaftlichen Nachlaßverbindlichkeiten als **Gesamtschuldner**. Dies bedeutet, daß jeder → *Miterbe* für alle → *Nachlaßverbindlichkeiten* in vollem Umfang einzustehen hat, wobei ihm allerdings Ausgleichsansprüche gegen die gesamtschuldnerisch mithaftenden Miterben zustehen, wenn er eine Nachlaßverbindlichkeit ausgleicht. Außerdem stehen jedem Miterben die oben dargelegten Haftungsbeschränkungen zu, wobei die Nachlaßverwaltung jedoch nur von allen Miterben gemeinschaftlich beantragt werden kann.

> Jedem Miterben steht auch das Recht zu, bis zur Aufteilung des Nachlasses unter den Miterben den Ausgleich einer Nachlaßverbindlichkeit aus seinem eigenen Vermögen, d. h. seinem Vermögen ohne den Erbanteil, zu verweigern. Dem Nachlaßgläubiger verbleibt das Recht, von sämtlichen Miterben die Erfüllung seiner Forderung aus dem ungeteilten Nachlaß zu verlangen.

Nach der Teilung des Nachlasses haftet jeder Miterbe auch mit **seinem Privatvermögen in vollem Umfang** für die von der Erbengemeinschaft nicht regulierten Nachlaßverbindlichkeiten. Eine Beschränkung der Haftung des Miterben auf den seiner Erbquote entsprechenden Teil einer Nachlaßverbindlichkeit tritt allerdings ein, wenn der Nachlaßgläubiger im → *Aufgebotsverfahren* ausgeschlossen wurde, wenn der Gläubiger seine Forderung erst fünf Jahre nach dem Erbfall geltend machte und sie den Miterben zuvor nicht bekannt und sie auch im Aufgebotsverfahren nicht angemeldet wurde oder wenn der Nachlaßkonkurs eröffnet und durch die Verteilung der Nachlaßmasse oder durch Zwangsvergleich beendet wurde.

Aufgebotsverfahren einleiten

Tip: Wer als Miterbe ausschließen will, daß er nach der Aufteilung des Nachlasses von einem Nachlaßgläubiger alleine in Anspruch genommen wird und Bedenken hat, den Ausgleich von den Miterben nach der Verteilung des Nachlasses zu erhalten, sollte vor der Nachlaßverteilung das **Aufgebotsverfahren** einleiten. In diesem Falle haftet er für Nachlaßverbindlichkeiten, die im Aufgebotsverfahren nicht vom Gläubiger angemeldet wurden, nur anteilig entsprechend seiner Erbquote.

Inventar

In einem Nachlaßinventar sind alle beim → *Erbfall* vorhandenen Nachlaßgegenstände einschließlich aller Forderungen und Rechte (Aktiva) sowie alle Nachlaßverbindlichkeiten (Passiva) vollständig anzugeben. Das Inventar soll eine Beschreibung der Nachlaßgegenstände, soweit dies zur Bestimmung des Wertes erforderlich ist, und die Wertangabe enthalten.

Vom Gesetz wird unterschieden zwischen einem **privaten Inventar**, das ausschließlich vom → *Erben* erstellt wird und keine rechtlichen Auswirkungen hat, und einem Inventar, bei dessen Aufnahme eine Behörde, ein Beamter oder ein Notar zugezogen wurde (**Inventar mit amtlicher Mitwirkung**) und zwischen einem vom Nachlaßgericht selbst aufgenommenen Inventar. Das Nachlaßgericht kann die Inventarsaufnahme auch einer Behörde, einem Beamten oder einem Notar übertragen (**amtliches Inventar**).

Die Bedeutung des Inventars liegt darin, daß die Errichtung und Einreichung eines amtlichen oder mit amtlicher Mitwirkung errichteten Inventars beim Nachlaßgericht Auswirkungen auf die Haftung des Erben für die → *Nachlaßverbindlichkeiten* haben kann. So sind → *Nachlaßgläubiger* berechtigt, beim → *Nachlaßgericht* zu beantragen, den Erben zur Errichtung des Inventars eine Frist zu setzen. Nach Ablauf der gesetzten Frist tritt eine unbeschränkte → *Haftung des Erben* für die Nachlaßverbindlichkeiten ein, wenn dieser nicht zuvor ein mit amtlicher Mitwirkung errichtetes oder amtliches Inventar beim Nachlaßgericht eingereicht hat.

> Der Erbe selbst ist berechtigt, ein solches Inventar beim → *Nachlaßgericht* einzureichen. Hat er ein solches errichtet und rechtzeitig beim Nachlaßgericht vorgelegt, dann wird gegenüber den Nachlaßgläubigern vermutet, daß zur Zeit des Erbfalls keine weiteren Nachlaßgegenstände als die im Inventar angegebenen vorhanden waren. Begeht der Erbe jedoch eine Inventaruntreue durch absichtlich unvollständige Inventarangaben, haftet er unbeschränkt für die Nachlaßverbindlichkeiten.

Auf Verlangen eines Nachlaßgläubigers ist der Erbe auch verpflichtet, zu Protokoll des Nachlaßgerichts an **Eides Statt** zu versichern, daß er die Nachlaßgegenstände im Inventar nach bestem Wissen und Gewissen so vollständig angegeben hat, wie er dazu imstande ist.

Lebensversicherung

Bei Lebens- und Kapitalversicherungen auf den Todesfall entsteht der Anspruch auf Auszahlung der Versicherungssumme mit dem Tode des Versicherten, d. h. mit dem → *Erbfall*. Wenn im Lebensversicherungsvertrag keine Vereinbarung enthalten ist, daß die Versicherungssumme einer bestimmten Person als Bezugsberechtigten zustehen soll, gehört die Versicherungssumme zum → *Nachlaß* und steht den → *Erben* zu. Bei der Berechnung von Pflichtteilsansprüchen muß die Versicherungssumme mitberücksichtigt werden.

In der Regel wird im Lebensversicherungsvertrag jedoch eine **bestimmte Person** als bezugsberechtigt festgelegt. In diesem Fall entsteht dem Bezugsberechtigten mit dem Tod des Versicherten ein Anspruch auf die Versicherungssumme gegen die Versicherung unabhängig davon, ob der Bezugsberechtigte Erbe ist oder nicht.

> Die Versicherungssumme gehört deshalb bei vereinbarter Bezugsberechtigung eines Dritten – dies kann ein Angehöriger, der Erbe oder ein beliebiger Dritter sein – **nicht** zum Nachlaß. Sie wird dann bei Pflichtteilsansprüchen nicht berücksichtigt.

Letztwillige Verfügung

Vom Gesetz wird als Synonym für das → *Testament* der Begriff letztwillige Verfügung verwandt. Mit einer letztwilligen Verfügung kann der → *Erblasser* einseitig ohne Mitwirkung anderer Personen seine → *Erben* bestimmen und umfassend seine Erbfolge regeln.

Miterbe

Als Miterben werden diejenigen Personen bezeichnet, die zusammen mit einer oder mehreren anderen Personen → *Erben* eines Verstorbenen geworden sind. Jeder Miterbe ist mit einem bestimmten Anteil, der Erbquote, Erbe. Die Miterben bilden zusammen die → *Erbengemeinschaft*.

Nacherbe

Eine → *Erbeinsetzung* kann in der Weise vorgenommen werden, daß zuerst ein Vorerbe und zu einem späteren Zeitpunkt oder nach Eintritt einer Bedingung ein Nacherbe bestimmt wird, auf den der → *Nachlaß* vom Vorerben übergeht.

Beispiel: Meine Frau Sieglinde ist meine Vorerbin. Nacherbe nach ihrem Tode ist mein Sohn Berthold.

Vorerben und Nacherben sind jeweils → *Erben* des → *Erblassers*, wobei der Nacherbe die → *Erbschaft* erst zu einem späteren Zeitpunkt vom Vorerben erhält.

Nachlaß

Der Nachlaß ist die → *Erbschaft*, die beim Tod eines → *Erblassers* auf den oder die → *Erben* übergeht. Hierzu gehören das gesamte Vermögen des Erblassers, d. h. alle Gegenstände, Immobilien, Forderungen und Rechte, aber auch die Verbindlichkeiten des Erben.

Beispiel: Der unverheiratete Erblasser E hat eine Forderung in Höhe von DM 50.000,– gegen S, schuldet seiner Bank DM 20.000,– aus einem Kredit für ein Auto, schuldet seiner Hypothekenbank DM 100.000,– und ist Eigentümer des mit der Hypothek von DM 100.000,– belasteten Hauses im Wert von DM 500.000,–, des Pkw und des gesamten Hausrats.

Dieses Gesamtvermögen, bestehend aus Haus, Auto, Hausrat und Forderung gegen den Schuldner sowie die Verbindlichkeiten gegenüber den Banken, wird im Todesfall des Erben als Nachlaß bezeichnet.

Nachlaßgericht

Als Nachlaßgericht wird das Gericht bezeichnet, das für die Nachlaßverfahren, das sind insbesondere → *Testamentseröffnung,* Testamentsverwahrung, Erbscheinserteilung, Erteilung des Testamentsvollstreckerzeugnisses, → *Nachlaßverwaltung* und Aufgebot der → *Nachlaßgläubiger,* zuständig ist.. Die Nachlaßgerichte sind bei den Amtsgerichten integriert. Als Nachlaßrichter ist ein Amtsrichter tätig, dem die Aufgaben des Nachlaßrichters übertragen sind.

> In Baden-Württemberg sind den Notariaten die Aufgaben des Nachlaßgerichts übertragen. Die Notariate werden dort als Nachlaßgericht tätig, der Notar als Nachlaßrichter.

Für ein Nachlaßverfahren ist das **örtliche Nachlaßgericht** zuständig, in dessen Bezirk der → *Erblasser* zur Zeit des → *Erbfalles* seinen **Wohnsitz** hatte. Wenn er keinen Wohnsitz hatte, ist das Nachlaßgericht zuständig, in dessen Bezirk der Erblasser zur Zeit des Erbfalles seinen **Aufenthalt** hatte.

Wenn ein Deutscher keinen Wohnsitz im Inland hatte und im Ausland stirbt, ist das **Amtsgericht Schöneberg in Berlin** als Nachlaßgericht für die Nachlaßangelegenheiten zuständig.

> **Ausländische Erblasser**
>
> Ist der Erblasser Ausländer und hatte er zur Zeit des Erbfalles im Inland weder Wohnsitz noch Aufenthalt, so ist jedes Nachlaßgericht, in dessen Bezirk sich Nachlaßgegenstände befinden, für alle im Inland befindlichen Nachlaßgegenstände zuständig.
>
> **Tip**

Nachlaßgläubiger

Nachlaßgläubiger sind die Gläubiger des → *Erblassers,* denen Forderungen gegen diesen zugestanden haben, die mit dessen Tod auf den oder die Erben übergegangen sind (→ *Haftung des Erben*).

Nachlaßkonkurs

Der → Erbe eines überschuldeten → Nachlasses ist verpflichtet, unverzüglich nach Kenntnis der Überschuldung die Eröffnung des Konkursverfahrens oder des gerichtlichen Vergleichsverfahrens über den Nachlaß zu beantragen. Bei der Ermittlung der Überschuldung des Nachlasses ist zu berücksichtigen, daß → Vermächtnisse und → Auflagen außer Betracht bleiben.

Zuständig für das Konkursverfahren ist das Amtsgericht, in dessen Bezirk der → Erblasser seinen letzten allgemeinen Gerichtsstand hatte. Das ist in der Regel das Amtsgericht, in dessen Bezirk der Erblasser lebte. Verletzt der Erbe die Pflicht zur Eröffnung des Konkurs- oder Vergleichsverfahrens, dann ist er den Gläubigern für den daraus entstehenden Schaden verantwortlich. Dabei wird nach dem Gesetz die Kenntnis der Überschuldung auch dann angenommen, wenn der Erbe zwar keine Kenntnis von der Überschuldung hatte, seine Unkenntnis jedoch auf Fahrlässigkeit beruht.

> Fahrlässigkeit wird insbesondere dann angenommen, wenn der Erbe das Aufgebot der Nachlaßgläubiger nicht beantragte, obwohl er Grund hatte, das Vorhandensein unbekannter Nachlaßverbindlichkeiten anzunehmen.

Sobald der Nachlaßkonkurs eröffnet wurde, beschränkt sich die Haftung des Erben für die Nachlaßverbindlichkeiten auf den Nachlaß. Er haftet dann nicht mehr persönlich mit seinem Privatvermögen, sondern nur noch mit der → Erbschaft. Außerdem kann der Erbe gegenüber den Nachlaßgläubigern die → Dürftigkeitseinrede erheben, wenn die Eröffnung des Nachlaßkonkurses aufgrund des geringen Wertes des Nachlasses nicht sinnvoll ist oder aus diesem Grunde das Konkursverfahren eingestellt wird.

Nachlaßpflegschaft

Für die Sicherung des → Nachlasses hat das → Nachlaßgericht bis zur → Annahme der Erbschaft durch den → Erben oder wenn der Erbe unbekannt oder wenn ungewiß ist, ob er die → *Erbschaft* angenommen hat, zu sorgen. Dabei kann das Nachlaßgericht für denjenigen, der Erbe wird, einen Nachlaßpfleger bestellen.

Die Nachlaßpflegschaft bezweckt die Sicherung und Erhaltung des Nachlasses bis zur Annahme der Erbschaft durch den Erben. Der Nachlaßpfleger verwaltet den Nachlaß und ist gesetzlicher Vertreter des Erben. Er führt sein Amt selbständig und eigenverantwortlich aus. Er unterliegt allerdings der Aufsicht des Nachlaßgerichtes.

Nachlaßverbindlichkeiten

Zu den Nachlaßverbindlichkeiten gehören alle Schulden, die der → *Erblasser* hatte und die mit dem Todesfall auf den oder die → *Erben* übergehen. Außerdem gehören dazu die Schulden, die im Zusammenhang mit dem → *Erbfall* entstehen. Dies sind insbesondere die Verbindlichkeiten aus Pflichtteilsrechten (→ *Pflichtteil*), → *Vermächtnissen* und → *Auflagen*, der → *Voraus*, der → *Dreißigste*, die → *Unterhaltspflichten* sowie die Verpflichtung zur Zahlung der Kosten einer standesgemäßen → *Beerdigung* sowie die Verpflichtung zur Zahlung rückständiger Steuern und der → *Erbschaftsteuer*.

> Nachlaßverbindlichkeiten können auch durch die Einsetzung eines → *Testamentsvollstreckers* oder eines Nachlaßpflegers, durch die Testamentseröffnung sowie durch die gerichtliche Nachlaßsicherung entstehen.

Nachlaßvergleich

Der → *Erbe* eines überschuldeten → *Nachlasses* ist verpflichtet, unverzüglich nach Kenntnis der Überschuldung (→ *Nachlaßkonkurs*) die Eröffnung des Konkursverfahrens zu beantragen oder einen Antrag auf Eröffnung des gerichtlichen Vergleichsverfahrens zu stellen. Kommt der Erbe dieser Verpflichtung nicht nach, ist er den → *Nachlaßgläubigern* für den daraus entstehenden Schaden verantwortlich.

> **Tip**
>
> **Mindestsatz**
>
> Der Vergleichsantrag muß einen Vergleichsvorschlag für die Nachlaßgläubiger enthalten, bei dem den Gläubigern mindestens 35 % ihrer Forderungen als Vergleichsquote zukommen müssen. Dieser Mindestsatz ist bar anzubieten.

Mit der Eröffnung des gerichtlichen Vergleichsverfahrens beschränkt sich die →*Haftung des Erben* für die →*Nachlaßverbindlichkeiten* auf den →*Nachlaß*. Den Antrag auf Eröffnung des gerichtlichen Vergleichsverfahrens kann jeder Erbe, der →*Testamentsvollstrecker*, der Nachlaßverwalter oder der Nachlaßpfleger stellen, und zwar auch vor der Annahme der Erbschaft.

Nachlaßverwaltung

Wenn eine Nachlaßverwaltung angeordnet wird, beschränkt sich die →*Haftung des Erben* für die →*Nachlaßverbindlichkeiten* auf den →*Nachlaß*. Das Gesetz umschreibt die Nachlaßverwaltung als →*Nachlaßpflegschaft* zum Zwecke der Befriedigung der Gläubiger.

Zuständig für die Anordnung der Nachlaßverwaltung ist das →*Nachlaßgericht*. Die Anordnung ist zu erlassen, wenn der →*Erbe* diese beantragt. Auf Antrag eines Nachlaßgläubigers ist die Nachlaßverwaltung dagegen anzuordnen, wenn Grund zu der Annahme besteht, daß die Befriedigung der Nachlaßgläubiger aus dem Nachlaß durch das Verhalten oder die Vermögenslage des Erben gefährdet wird. Wenn eine den Kosten entsprechende Nachlaßmasse nicht vorhanden ist, kann die Nachlaßverwaltung abgelehnt werden. In diesem Fall steht dem Erben gegen die Nachlaßgläubiger die →*Dürftigkeitseinrede* zu.

Mit der Anordnung der Nachlaßverwaltung verliert der Erbe die Befugnis, den Nachlaß zu verwalten und über Nachlaßgegenstände zu verfügen. Diese Befugnis geht auf den vom Nachlaßgericht eingesetzten Nachlaßverwalter über. Dieser hat dann die Aufgabe, den Nachlaß zu verwalten und die Nachlaßverbindlichkeiten aus dem Nachlaß zu berichtigen.

> Die Nachlaßverwaltung endet, wenn alle bekannten Nachlaßverbindlichkeiten ausgeglichen wurden, durch Aufhebung der Nachlaßverwaltung durch das Nachlaßgericht, ansonsten durch die Eröffnung des Nachlaßkonkurses.

Neue Bundesländer

→ *DDR, ehemalige*

Nichteheliche Lebensgemeinschaft

Nichteheliche Lebensgemeinschaften werden erbrechtlich nicht wie die Ehe besonders geschützt. Der nichteheliche Lebenspartner ist nach der gesetzlichen Erbfolge, auch wenn die nichteheliche Lebensgemeinschaft über Jahrzehnte bestanden hat, nicht zum Erben berufen. Ihm stehen auch **keine Pflichtteilsansprüche** zu. Er ist nach der gesetzlichen Regelung sogar verpflichtet, die Haushaltsgegenstände, die seinem Lebenspartner gehörten, an dessen Erben herauszugeben.

> **Erbfolgeregelung durch Testament**
>
> In den meisten Fällen entspricht die gesetzliche Erbfolgeregelung nicht dem Willen und der Interessenlage der nichtehelichen Lebenspartner. Es ist deshalb allen nicht verheirateten Paaren zu raten, wenn sie bereits längere Zeit zusammenleben oder wenn sie gemeinsame Kinder haben, die Erbfolge rechtzeitig durch → *Testament* oder → *Erbvertrag* zu regeln.
>
> **Tip**

Nichteheliches Kind

Nichteheliche Kinder waren **in der DDR** den ehelichen rechtlich gleichgestellt. Diese Rechtsstellung bleibt ihnen in vollem Umfang erhalten, wenn sie **vor dem 3. Oktober 1990** in der DDR geboren wurden. Das hat zur Folge, daß sie ebenso wie eheliche Kinder erben können.

Nichteheliche Kinder, die in den alten Bundesländern nach dem 30. Juni 1949 oder nach dem 3. 10. 1990 in den neuen Bundesländern geboren wurden, sind aufgrund des am 1. 4. 1998 in Kraft getretenen **erbrechtlichen Gleichstellungsgesetz** den ehelichen Kindern seit dem 1. 4. 1998 rechtlich ebenfalls gleichgestellt und haben damit die gleiche erbrechtliche Stellung wie eheliche Kinder. Dies gilt aufgrund einer Übergangsregelung allerdings dann nicht, wenn der Vater des nichtehelichen Kindes vor dem 1. 4. 1998 verstorben war oder wenn vor dem 1. 4. 1998 eine nach der früheren Rechtslage mögliche wirksame Vereinbarung über den Erbausgleich zwischen dem nichtehelichen Kind und seinem Vater zustande gekommen war oder dem nichtehelichen Kind vor dem 1. 4. 1998 durch rechtskräftiges Urteil ein Erbausgleich zugesprochen wurde. In diesen Fällen gilt die bis zum 31. 3. 1998 maßgebliche Rechtslage weiterhin. Danach hat das nichteheliche Kind im Verhältnis zu seiner Mutter und deren Verwandten zwar dieselbe rechtliche Stellung wie ein eheliches Kind, im Verhältnis zum Vater ist es jedoch den ehelichen Kindern nicht vollständig gleichgestellt. Anstatt der Erb- und Pflichtteilsansprüche steht dem nichtehelichen Kind und seinen → Abkömmlingen beim Tod des Vaters und väterlicher Verwandter ein **Erbersatzanspruch** zu. Dieser Erbersatzanspruch ist eine Geldforderung in Höhe des Wertes des gesetzlichen Erbteils und richtet sich gegen den Erben. Er verjährt drei Jahre nach Kenntnis des Erbfalls und der Umstände, aus denen sich das Bestehen des Anspruchs ergibt. Statt des Erbersatzanspruchs kann ein nichteheliches Kind, für das die alte Rechtslage maßgeblich ist, zwischen dem 21. und 27. Lebensjahr einen vorzeitigen Erbausgleich verlangen. Er beträgt das Dreifache des Unterhalts, den der Vater im Durchschnitt der letzten fünf Jahre, in denen das Kind voll unterhaltsbedürftig war, jährlich zu leisten hatte. Eine Vereinbarung über den Erbausgleich muß notariell beurkundet sein, ansonsten ist die Vereinbarung unwirksam. Wurde der Erbausgleich wirksam vereinbart oder durch ein rechtskräftiges Urteil zugesprochen, sind beim Tod des Vaters und beim Tod väterlicher Verwandter das Kind und dessen Abkömmlinge keine gesetzlichen Erben und nicht mehr pflichtteilsberechtigt. Ebenso sind der Vater und seine Abkömmlinge beim Tod des nichtehelichen Kindes und beim Tod von Abkömmlingen des nichtehelichen Kindes nicht gesetzliche Erben, sie sind auch nicht pflichtteilsberechtigt.

Nichteheliche Kinder in den alten Bundesländern, die vor dem 1. Juli 1949 geboren wurden und deren Abkömmlinge gelten rechtlich mit dem Vater als nicht verwandt mit der Folge, daß ihnen keine gesetzlichen Erb- und Pflichtteilsansprüche beim Tod des Vaters und der väterlichen Verwandten zustehen. Das gleiche gilt für nichteheliche Kinder, die nach dem 30. Juni 1949 geboren wurden, wenn der Erbfall vor dem 1. Juli 1970 eintrat.

Notarielles Testament

→ *Testamente* können als sog. öffentliche Testamente vor einem Notar errichtet werden. Diese Testamentsform wird auch als **notarielles Testament** bezeichnet.

Der Testierende hat beim notariellen Testament die Wahl, ob er seinen letzten Willen mündlich erklären oder dem Notar ein offenes oder verschlossenes Schriftstück mit der Erklärung übergibt, daß die Schrift seinen letzten Willen enthält.

Die Schrift braucht vom Testierenden nicht selbst geschrieben und unterschrieben zu sein. Sie kann mit Schreibmaschine oder von einem Dritten ausgefertigt sein. Eine verschlossen übergebene Schrift darf der Notar ohne Erlaubnis des Testierenden nicht öffnen. Wird die Schrift offen übergeben, nimmt der Notar von ihr Kenntnis und teilt dem Testierenden etwaige rechtliche Bedenken gegen den Inhalt mit.

Bei der Beurkundung des Testaments ist der Notar verpflichtet, den Willen des Testierenden zu erforschen, den Sachverhalt zu klären, den Testierenden über die rechtliche Tragweite der beabsichtigten Erklärungen zu beraten und darauf zu achten, daß Irrtümer und Zweifel vermieden und unerfahrene und ungewandte Beteiligte nicht benachteiligt werden. Bei der mündlichen Erklärung des letzten Willens berät der Notar den Testierenden ebenfalls, faßt die Erklärungen zusammen und bringt sie zu Protokoll.

> Die Niederschrift wird dem Testierenden vorgelesen und muß von ihm genehmigt werden. Nach der Errichtung wird das öffentliche Testament versiegelt und in öffentliche Verwahrung gegeben.

Nottestamente

In Notfällen kann ein → *Testament* unter bestimmten Voraussetzungen auch durch Niederschrift des Bürgermeisters in Gegenwart von zwei Zeugen (**Bürgermeistertestament**) errichtet werden oder durch mündliche Erklärung vor drei Zeugen (**Dreizeugentestament**). Das während einer Seereise an Bord eines deutschen Schiffes außerhalb eines inländischen Hafens errichtete Testament durch mündliche Erklärung vor drei Zeugen wird auch als **Seetestament** bezeichnet.

> **Tip**
>
> **Dauer der Gültigkeit**
> Ein Nottestament wirkt nicht auf Dauer. Es wird unwirksam, wenn seit der Errichtung drei Monate vergangen sind und der Testierende noch lebt. Dies gilt nicht, solange der Testierende außerstande ist, ein Testament vor einem Notar zu errichten, beispielsweise, wenn er sich im Koma befindet. In diesem Fall ist der Beginn und der Lauf der Dreimonatsfrist für die Wirksamkeit des Nottestaments gehemmt.

Bürgermeistertestament

Voraussetzung für die Wirksamkeit eines **Bürgermeistertestaments** ist die Besorgnis, daß der Testierende sterben könnte, bevor die Errichtung eines Testaments vor einem Notar möglich ist. In diesem Fall kann es zur Niederschrift des Bürgermeisters in der Gemeinde, in der sich der Testierende aufhält, errichtet werden.

Der Bürgermeister muß zur Beurkundung **zwei Zeugen** hinzuziehen. Zeuge darf aber nicht sein, wer in dem zu beurkundenden Testament bedacht oder zum → *Testamentsvollstrecker* ernannt wird.

Die Niederschrift über die Testamentserrichtung muß vom Bürgermeister vorgelesen, vom Testierenden genehmigt und anschließend vom Testierenden, vom Bürgermeister und von den Zeugen unterschrieben werden. Kann der Testierende nach seinen Angaben oder nach der Überzeugung des Bürgermeisters seinen Namen nicht schreiben, wird seine Unterschrift durch die Feststellung dieser Angaben oder der Überzeugung in der Niederschrift ersetzt.

> Die Besorgnis des Bürgermeisters, daß die Errichtung eines Testaments vor einem Notar nicht mehr möglich sein werde, soll in der Niederschrift ebenfalls vermerkt werden. Wenn sich nachträglich herausstellt, daß die Besorgnis des Bürgermeisters unbegründet war, steht dies der Wirksamkeit des Testaments nicht entgegen.

Dreizeugentestament

Wer sich in so naher Todesgefahr befindet, daß voraussichtlich auch die Errichtung eines Bürgermeistertestaments nicht mehr möglich ist oder wer sich an einem Ort aufhält, der infolge außerordentlicher Umstände dergestalt abgesperrt ist, daß die Errichtung eines Testaments vor einem Notar nicht möglich oder erheblich erschwert ist, kann das Testament durch mündliche Erklärung vor drei Zeugen errichten.

Die Errichtung des **Dreizeugentestaments** erfolgt in der Weise, daß der Testierende vor den drei Zeugen mündlich seinen letzten Willen erklärt. Hierüber muß noch zu seinen Lebzeiten durch einen Zeugen oder durch eine andere Person eine Niederschrift angefertigt werden, die in Gegenwart der drei Zeugen dem Testierenden vorgelesen, von ihm genehmigt und, wenn er hierzu in der Lage ist, von ihm unterschrieben wird. Außerdem müssen die drei Zeugen die Niederschrift unterschreiben.

> **Errichtung**
>
> Die Errichtung von Nottestamenten ist wegen der einzuhaltenden Formvorschriften bei der Protokollierung, für deren Beachtung beim öffentlichen Testament der Notar zu sorgen hat, fehlerträchtig und deshalb nicht ohne Risiko. Wenn der Testierende noch selbst schreiben kann, sollte deshalb nicht ein Nottestament, sondern ein → *eigenhändiges Testament* errichtet werden. Dies hat auch den Vorteil, daß das Testament, wenn es vom Testierenden nicht aufgehoben oder geändert wird, wirksam bleibt und nicht wie das Nottestament nach drei Monaten unwirksam wird.
>
> **Tip**

Seetestament

Wer sich während einer Seereise an Bord eines deutschen Schiffes außerhalb eines inländischen Hafens befindet, kann ein sog. Seetestament durch mündliche Erklärung vor drei Zeugen unter Einhaltung der oben dargelegten Förmlichkeiten errichten, auch wenn keine Notlage vorliegt.

Öffentliches Testament
→ *Notarielles Testament*

Patiententestament

Das Patiententestament ist keine erbrechtliche Verfügung, sondern eine Willenserklärung. Es werden damit den Ärzten lebensverlängernde Behandlungen untersagt, wenn eine Erkrankung mit sicherer Todesprognose vorliegt und der Patient aufgrund seiner Erkrankung nicht mehr in der Lage ist, den Ärzten die Weiterbehandlung selbst zu verbieten. Motiv für das Patiententestament ist der Wunsch, bei einer hoffnungslosen Erkrankung den Tod durch ärztliche Maßnahmen nicht hinauszuschieben und damit möglicherweise das Leiden zu verlängern.

Pflichtteil

> **Tip**
>
> **Keine ausdrückliche Enterbung**
>
> Die ausdrückliche Enterbung eines gesetzlichen Erben ist nicht erforderlich. Ausreichend ist, wenn ein nach der gesetzlichen Erbfolge zur Erbschaft berufener Verwandter aufgrund des Testaments oder des Erbvertrages nichts von der Erbschaft erhält.

Werden → *Abkömmlinge,* der Ehegatte oder die Eltern des → *Erblassers* von der → *gesetzlichen Erbfolge* ausgeschlossen, dann stehen ihnen Pflichtteilsansprüche zu. Der Pflichtteil ist danach der **Mindestanspruch,** den der Erblasser den Erbberechtigten nur in besonderen Ausnahmefällen entziehen kann (→ *Pflichtteilsentziehung*).

Voraussetzung für die Entstehung des Pflichtteilsanspruchs ist, daß Abkömmlinge, der Ehegatte oder die Eltern des Erblassers bei Eintritt der gesetzlichen Erbfolge → *Erben* geworden wären, aber durch → *Testament* oder → *Erbvertrag* von der Erbfolge ausgeschlossen wurden.

Beispiel: Der Erblasser E, der seine Ehefrau, zwei Kinder und seine Eltern hinterläßt, hat seine Studienfreundin G im Testament als Alleinerbin eingesetzt. Seine Witwe und seine Kinder sind pflichtteilsberechtigt, nicht aber seine Eltern, da diese als Verwandte zweiter

Pflichtteil

Ordnung nur zur gesetzlichen Erbfolge berufen wären, wenn kein Erbe erster Ordnung vorhanden ist.

Der Pflichtteilsanspruch besteht in der **Hälfte des Wertes des gesetzlichen Erbteils.**

Beispiel: *Der verwitwete Erblasser E vererbt sein Vermögen im Wert von DM 1.000.000,– an die Kirche. Sein einziges Kind Klaus, der nach der gesetzlichen Erbfolge Alleinerbe geworden wäre, hat einen Pflichtteilsanspruch in Höhe von DM 500.000,–.*

Um das Pflichtteilsrecht nicht umgehen zu können, sind **Schenkungen**, die den → Nachlaß verringern und dadurch den Pflichtteilsberechtigten benachteiligen können, anrechenbar.

Hat der Erblasser innerhalb der letzten zehn Jahre vor seinem Tod Dritte beschenkt, kann der Pflichtteilsberechtigte – außer bei Anstandsschenkungen – als Ergänzung des Pflichtteils den Betrag verlangen, um den sich der Pflichtteil erhöht, wenn der verschenkte Gegenstand dem Nachlaß hinzugerechnet wird. Ist die Schenkung an den Ehegatten des Erblassers erfolgt, beginnt die 10-Jahres-Frist erst mit Auflösung der Ehe.

> **Tip**
> **Ergänzung des Pflichtteils**
> Wurde ein Pflichtteilsberechtigter mit einem Erbteil oder einem → *Vermächtnis* bedacht, dessen Wert geringer ist als sein Pflichtteilsanspruch, dann kann er die Ergänzung bis zur Höhe seines Pflichtteils verlangen.

Der Pflichtteilsanspruch ist ein **Geldanspruch**, der sich gegen den oder die Erben richtet. Die Erben sind verpflichtet, dem Pflichtteilsberechtigten seinen Pflichtteil auszuzahlen. Sie haben ihm auf Verlangen über den Bestand des Nachlasses Auskunft zu erteilen. Der Berechnung des Pflichtteils wird der Bestand und der Wert des Nachlasses zur Zeit des Erbfalls zugrunde gelegt.

Der Pflichtteilsanspruch **verjährt** in drei Jahren von dem Zeitpunkt an, in welchem der Pflichtteilsberechtigte von dem Eintritt des → *Erbfalls* und von der ihn beeinträchtigenden Verfügung Kenntnis erlangt, ohne Rücksicht auf diese Kenntnis in 30 Jahren ab Eintritt des Erbfalls.

Bei besonders gravierenden Verfehlungen kann der Pflichtteilsanspruch entzogen werden (→ *Pflichtteilsentziehung*).

> Es besteht auch die Möglichkeit, Pflichtteilsberechtigte noch zu Lebzeiten des Erblassers ganz oder teilweise durch Vermögensvorteile, die mit der ausdrücklichen Bestimmung der Anrechnung auf den Pflichtteil zugewendet werden, abzufinden.

Beispiel: E schenkt seinem Sohn zum Bau eines Einfamilienhauses DM 100.000,–, mit dem Hinweis, daß dieser Betrag auf seinen Pflichtteil angerechnet wird.

Voraussetzung der Anrechnung ist, daß die Anrechnungsbestimmung gleichzeitig mit oder vor der Zuwendung erfolgt.

Pflichtteilsbeschränkung

Ist ein → *Abkömmling* in solchem Maße überschuldet oder ist er derart verschwenderisch, daß sein späterer Erbschaftserwerb erheblich gefährdet ist, dann kann der → *Erblasser* ihn nicht nur enterben, sondern ihm auch das Pflichtteilsrecht beschränken. Dies geschieht durch die Anordnung, daß nach dem Tode des Abkömmlings dessen gesetzliche Erben das ihm Hinterlassene oder den ihm gebührenden Pflichtteil als → *Nacherben* oder als Nachvermächtnisnehmer nach dem Verhältnis ihrer gesetzlichen Erbteile erhalten sollen. Außerdem kann der Erblasser die Verwaltung des Pflichtteils einem → *Testamentsvollstrecker* übertragen. Dem Abkömmling steht dann nur der jährliche Reinertrag aus der Verwaltung zu.

Diese Pflichtteilsbeschränkungen stellen keine Strafe dar sondern erfolgen im Interesse des überschuldeten oder verschwenderischen Abkömmlings und dessen Erben. Der Abkömmling wird durch die Nacherbeneinsetzung in der Verfügung über Nachlaßwerte beschränkt.

> Die Pflichtteilsbeschränkungen werden unwirksam, wenn der Abkömmling im Erbfall nicht mehr überschuldet ist oder er sich von dem verschwenderischen Leben abgewandt hat.

Pflichtteilsentziehung

Bei besonders gravierenden Verfehlungen kann der → *Erblasser* auch den Pflichtteilsanspruch eines pflichtteilsberechtigten Ehegatten, → *Abkömmlings* oder den der Eltern entziehen. Diese Pflichtteilsentziehung muß durch eine → *letztwillige Verfügung*, also durch → *Testament* oder → *Erbvertrag*, erfolgen.

Der Grund der Pflichtteilsentziehung muß zur Zeit der Errichtung der letztwilligen Verfügung bestehen und in der Verfügung angegeben werden. Unwirksam wird eine Pflichtteilsentziehung, wenn der Erblasser dem Pflichtteilsberechtigten verziehen hat.

Als Grund für die Entziehung des Pflichtteilsanspruchs kommen **nur folgende Verfehlungen** in Betracht:

Bei einem Abkömmling
- wenn der Abkömmling seine dem Erblasser gegenüber gesetzlich obliegende Unterhaltspflicht böswillig verletzt;
- wenn der Abkömmling dem Erblasser, dem Ehegatten oder einem anderen Abkömmling des Erblassers nach dem Leben trachtet;
- wenn der Abkömmling sich einer vorsätzlichen körperlichen Mißhandlung des Erblassers oder des Ehegatten des Erblassers schuldig macht; im Falle der Mißhandlung des Ehegatten jedoch nur, wenn der Abkömmling von diesem abstammt;
- wenn der Abkömmling sich eines Verbrechens oder eines schweren vorsätzlichen Vergehens gegen den Erblasser oder dessen Ehegatten schuldig macht;
- wenn der Abkömmling einen ehrlosen oder unsittlichen Lebenswandel gegen den Willen des Erblassers führt.

Beim Ehegatten
- wenn der Ehegatte seine dem Erblasser gegenüber gesetzlich obliegende Unterhaltspflicht böswillig verletzt;
- wenn der Ehegatte dem Erblasser oder einem Abkömmling des Erblassers nach dem Leben trachtet;

- wenn der Ehegatte sich einer vorsätzlichen körperlichen Mißhandlung des Erblassers schuldig macht;
- wenn der Ehegatte sich eines Verbrechens oder eines schweren vorsätzlichen Vergehens gegen den Erblasser schuldig macht.

Bei den Eltern
- Der Mutter oder dem Vater kann der → *Pflichtteil* ebenfalls bei böswilliger Unterhaltspflichtverletzung entzogen werden, wobei auch die Verweigerung einer angemessenen Ausbildung eine Unterhaltspflichtverletzung darstellen kann.
- Außerdem kann der Pflichtteil entzogen werden, wenn ein Elternteil dem Erblasser, dem Ehegatten oder einem anderen Abkömmling des Erblassers nach dem Leben trachtete oder er sich eines Verbrechens oder eines schweren vorsätzlichen Vergehens gegen den Erblasser oder dessen Ehegatten schuldig machte.

Pflichtteilsergänzungsanspruch

Um das Pflichtteilsrecht nicht umgehen zu können, sind **Schenkungen**, die den → *Nachlaß* verringern und dadurch den Pflichtteilsberechtigten benachteiligen können, unter gewissen Voraussetzungen bei der Ermittlung der Höhe des Pflichtteilsanspruchs anrechenbar. Dem Pflichtteilsberechtigten steht dann der Pflichtteilsergänzungsanspruch zu.

Dieser Anspruch entsteht dann, wenn der → *Erblasser* einem Dritten innerhalb von 10 Jahren vor dem → *Erbfall* eine Schenkung gemacht hat und es sich dabei nicht um eine sog. Anstandsschenkung handelt. Dies ist eine Schenkung, mit der einer sittlichen Pflicht oder einer auf den Anstand zu nehmenden Rücksicht entsprochen wurde. Schenkungen an den Ehepartner werden, wenn es sich nicht um Anstandsschenkungen handelt, immer berücksichtigt, da während der Ehe der Erblasser trotz der Schenkung an den Lebenspartner wirtschaftlich an dem verschenkten Gegenstand partizipiert. Die während der Ehe erfolgte Schenkung wird nur dann nicht berücksichtigt, wenn seit der Auflösung der Ehe durch Scheidung oder Tod beim Erbfall mindestens 10 Jahre vergangen sind.

Der Pflichtteilsergänzungsanspruch gibt dem Pflichtteilsberechtigten das Recht, den Betrag als Pflichtteil zu verlangen, um den sich der Pflichtteil erhöht, wenn der verschenkte Gegenstand dem Nachlaß hinzugerechnet wird.

Beispiel: E hatte das ihm gehörende, schuldenfreie Zweifamilienhaus mit einem Wert von DM 500.000,– kurz vor seinem Tode der Kirche geschenkt, die er auch als Alleinerbin einsetzte. Mit seinem Tode erbt die Kirche noch Barvermögen und Hausratsgegenstände im Wert von DM 100.000,–. Seinem Sohn steht als einzigem gesetzlichen Erben der Pflichtteilsanspruch in Höhe der Hälfte des gesetzlichen Erbteils, also der Hälfte des Wertes der Erbschaft zu. Ohne Berücksichtigung der vorausgegangenen Schenkung würde sich der Pflichtteilsanspruch auf DM 50.000,– beschränken. Unter Berücksichtigung der Schenkung steht dem S durch den Pflichtteilsergänzungsanspruch statt dessen ein Anspruch auf DM 300.000,– gegen die Kirche zu.

> Der Pflichtteilsberechtigte kann die Ergänzung des Pflichtteils auch dann verlangen, wenn er als → *Erbe* eingesetzt ist, der Wert dieser → *Erbschaft* jedoch geringer ist als der Pflichtteilsanspruch, der sich bei Berücksichtigung der vorangegangenen Schenkung ergibt. Ansonsten könnte ein Erblasser die Pflichtteilsberechtigten als Erben einsetzen, der Erbschaft jedoch zu seinen Lebzeiten durch Schenkungen ihren Wert entziehen.

Pflichtteilsklausel

Als Pflichtteilsklausel werden Regelungen in → *letztwilligen Verfügungen* bezeichnet, mit denen sichergestellt werden soll, daß die Einsetzung des überlebenden Ehegatten als Alleinerbe von den Kindern respektiert wird und die Kinder, die beim ersten Todesfall enterbt sind, keine Pflichtteilsansprüche gegen den überlebenden Ehegatten geltend machen. Pflichtteilsklauseln sind häufig in Ehegattentestamenten (→ *Gemeinschaftliches Testament*) enthalten und regeln, daß derjenige, der beim ersten Erbfall Pflichtteilsansprüche geltend macht, auch beim zweiten Erbfall nur den Pflichtteil erhält.

Beispiel: Sollte eines unserer Kinder nach dem ersten Sterbefall seinen Pflichtteil beanspruchen, erhält es nach dem zweiten Sterbefall ebenfalls nur den Pflichtteil.

Pflichtteilsrestanspruch

Als Pflichtteilsrestanspruch wird der Anspruch eines pflichtteilsberechtigten → Erben gegen seine → Miterben auf Ergänzung seines Erbanteils bis zum Wert seines → Pflichtteils bezeichnet. Der Pflichtteilsrestanspruch setzt voraus, daß dem Pflichtteilsberechtigten ein Erbteil zukommt, dessen Wert jedoch geringer ist als der Wert des Pflichtteilsanspruchs. Die Wertdifferenz kann er als Pflichtteilsrestanspruch bei den Miterben geltend machen.

Pflichtteilsverzicht

Ebenso wie Verwandte, der Ehegatte oder der Verlobte auf das gesetzliche Erbrecht verzichten können (→ Erbverzicht), können pflichtteilsberechtigte Personen auch nur auf die Pflichtteilsansprüche verzichten. Der Pflichtteilsverzicht kann für den → Erblasser besonders bedeutsam sein, da die Pflichtteilsansprüche, anders als die gesetzlichen Erbrechte, vom Erblasser nicht einseitig mit einer → letztwilligen Verfügung ausgeschlossen werden können. Dies kann nur ausnahmsweise geschehen, wenn ein Pflichtteilsentziehungsgrund (→ Pflichtteilsentziehung) vorliegt, was jedoch sehr selten der Fall ist.

> **Tip**
> **Form des Vertrages**
> Ein **Pflichtteilsverzichtsvertrag** muß zwischen dem Erblasser und dem Pflichtteilsberechtigten abgeschlossen werden und bedarf der notariellen **Beurkundung**.

In der Regel kommt der Pflichtteilsverzichtsvertrag nur zustande, wenn der Verzichtende einen Ausgleich für seinen Verzicht erhält.

Privatschriftliches Testament

→ Eigenhändiges Testament

Scheidung

Durch ein Scheidungsurteil wird eine Ehe nach einem vorangegangenen Scheidungsantrag eines oder beider Ehepartner aufgelöst. Bereits vor Erlaß des Scheidungsurteils endet das Erbrecht eines Ehegatten sowie sein Recht auf den → *Voraus*, wenn zur Zeit des → *Erbfalls* die Voraussetzungen für die Scheidung der Ehe gegeben waren und der → *Erblasser* die Scheidung beantragte oder dem Scheidungsantrag seines Ehepartners zustimmte. Das gleiche gilt, wenn der verstorbene Ehegatte eine begründete Eheaufhebungsklage erhoben hatte.

Eine → *letztwillige Verfügung,* durch die der Erblasser seinen Ehegatten bedacht hatte, kann unwirksam werden, wenn die Ehe nichtig ist oder wenn sie vor dem Tode des Erblassers aufgelöst wurde. Der Auflösung der Ehe steht es gleich, wenn zur Zeit des Todes des Erblassers die Voraussetzungen für die Scheidung der Ehe gegeben waren und der Erblasser die Scheidung beantragte oder ihr zugestimmt hatte. Das gleiche gilt, wenn der Erblasser zur Zeit seines Todes auf Aufhebung der Ehe zu klagen berechtigt war und die Klage erhoben hatte.

Die letztwillige Verfügung ist allerdings nicht unwirksam, wenn anzunehmen ist, daß der Erblasser die zugunsten seines Ehepartners getroffene Verfügung auch bei Auflösung der Ehe oder bei Vorliegen der Scheidungsvoraussetzungen getroffen hätte.

> Gemeinschaftliche Ehegattentestamente werden unwirksam, wenn die Ehe aufgelöst wird oder die oben dargelegten Auflösungsgründe vorliegen und der Ehepartner die Scheidung oder Auflösung beantragt. Dies gilt wiederum nicht, wenn anzunehmen ist, daß die Verfügung auch für den Fall der Eheauflösung getroffen worden wäre.

Schenkung

→ *Pflichtteilsergänzungsanspruch*

Schlußerbe

Als Schlußerbe wird derjenige bezeichnet, der nach einem oder mehreren früheren →*Erben* als Erbe eingesetzt wird. Im Unterschied zur →*Vor- und Nacherbschaft* sind die vor dem Schlußerben eingesetzten Erben ebenso wie der Schlußerbe Vollerben, d. h. sie können über die →*Erbschaft* ohne Einschränkungen beliebig verfügen. Sie können die Erbschaft verbrauchen, sogar verschenken.

Beschränkungen zum Erhalt des Nachlasses für den Schlußerben gibt es nicht. Häufig sind in Ehegattentestamenten, in denen sich die Ehepartner gegenseitig als Erben einsetzen, die gemeinsamen Kinder als Schlußerben vorgesehen. Dies ist sinnvoll, wenn nicht gewünscht wird, daß der längerlebende Ehepartner bei Verfügungen über den Nachlaß beschränkt wird, gleichzeitig jedoch schon festgelegt werden soll, daß das nicht vom überlebenden Ehegatten verbrauchte Vermögen den gemeinsamen Kindern zukommen soll.

Seetestament

→*Nottestament,* →*Testament*

Sittenwidrigkeit

Der allgemeine Grundsatz, daß Rechtsgeschäfte, die gegen die guten Sitten verstoßen, **nichtig** sind, gilt auch im Erbrecht und schränkt die Testierfreiheit ein. Sittenwidrigkeit liegt nach der Rechtsprechung vor, wenn das Rechtsgeschäft gegen das Anstandsgefühl aller billig und gerecht Denkenden verstößt. Dabei kommt es nicht auf die Wertvorstellungen des Testierenden an. Maßgebend ist der „anständige Durchschnittsmensch". Diese in ihrem Inhalt schwer abzuschätzenden Generalklauseln können insbesondere dazu führen, daß die sogenannten →*Geliebtentestamente* unwirksam sein können.

Teilungsanordnung

Teilungsanordnungen sind Bestimmungen des → *Erblassers* in → *Testamenten* oder → *Erbverträgen* über die Aufteilung der → *Erbschaft* und der einzelnen Erbschaftsgegenstände, wobei dem dadurch Begünstigten kein höheres Erbschaftsvermögen zugewandt werden soll. Der Wert der zugewiesenen Erbschaftsgegenstände ist bei der Aufteilung des Nachlasses unter den → *Erben* vielmehr auf den Erbteil anzurechnen.

Teilungsanordnungen sind wichtige Instrumente zur Vermeidung von Streitigkeiten zwischen den Erben und geben die Möglichkeit, einzelnen Miterben einzelne Nachlaßgegenstände, auch Firmen oder Anteile von Firmen, zuzuweisen.

> Die Teilungsanordnungen sind von den Erben bei der Auseinandersetzung der Nachlaßgegenstände zu berücksichtigen. In der Regel ist es sinnvoll, mit der Anordnung von Teilungsanordnungen gleichzeitig Bestimmungen über die Anrechung des Wertes der zugeteilten Gegenstände zu treffen.

Teilungsverbot

Gelegentlich kann es zweckmäßig sein, die alsbaldige Auseinandersetzung des späteren → *Nachlasses* auszuschließen, da Nachlaßauseinandersetzungen zu Veräußerungen von Nachlaßgegenständen zwingen könnten, bei denen der wirkliche Wert nicht erzielt werden kann. Hierdurch besteht die Gefahr, einzelne Vermögenswerte wie Immobilien, Firmen oder Gesellschaftsanteile zu verschleudern. Der Ausschluß der Erbauseinandersetzung erfolgt durch Auseinandersetzungs- und Teilungsverbote in → *Testamenten* und → *Erbverträgen* und bewirkt, daß die Erbauseinandersetzung erst nach Ablauf der vom → *Erblasser* festgelegten Frist, die nicht länger als 30 Jahre sein darf, erfolgt.

> **Umgehung des Teilungsverbotes**
> Zu beachten ist allerdings, daß das Teilungsverbot von allen → *Miterben* einverständlich umgangen werden kann und bei Vorliegen eines wichtigen Grundes wirkungslos wird.
>
> **Tip**

Testament

Das Testament ist eine → *Verfügung von Todes wegen*, mit der der Testierende seine Erbfolge nach seinem Tod bestimmt.

Testamente können als sogenannte **öffentliche Testamente** vor einem Notar errichtet werden (→ *Notarielles Testament*). Die gebräuchlichste Form ist das privatschriftliche oder eigenhändige Testament (→ *Eigenhändiges Testament*). Ein eigenhändiges Testament wird auf Wunsch des Testierenden in besondere → *amtliche Verwahrung* genommen. Zuständig hierfür ist jedes Amtsgericht, in Baden-Württemberg anstelle der Gerichte die Notariate. Dem Testierenden wird über das in Verwahrung genommene Testament ein **Hinterlegungsschein** erteilt.

Einzeltestamente, d. h. Testamente, die nur von einer Person errichtet werden, können vom Testierenden jederzeit widerrufen, abgeändert oder aufgehoben werden. Eine Bindung an die getroffenen testamentarischen Verfügungen besteht bei Einzeltestamenten im Gegensatz zu gemeinschaftlichen Testamenten und → *Erbverträgen* nicht.

Der **Testamentswiderruf** kann durch ein neues Testament oder durch die Vernichtung des alten erfolgen. Durch ein neues Testament wird ein früheres insoweit aufgehoben, als es dem neuen widerspricht. Ein Einzeltestament kann in der Form eines öffentlichen Testaments vor einem Notar oder auch in der gebräuchlichen Form als privatschriftliches oder eigenhändiges Testament (→ *Eigenhändiges Testament*) abgefaßt werden.

Gemeinschaftliche Testamente können nur von Ehegatten errichtet werden. Sie werden deshalb gelegentlich als **Ehegattentestamente** bezeichnet. Die besondere Wirkung des gemeinschaftlichen Testaments besteht darin, daß wechselbezügliche Verfügungen nicht frei widerruflich sind (→ *Gemeinschaftliches Testament*).

Testamentseröffnung

Jede → *letztwillige Verfügung* wird vom Nachlaßgericht nach dem Tode des → *Erblassers* von Amts wegen eröffnet. Zu eröffnen ist jeder → *Erbvertrag* und jedes Schriftstück des Erblassers, das als → *Testament* gewertet werden könnte. Die Gültigkeit und Wirksamkeit der letztwilligen Verfügung wird erst nach der Testamentseröffnung geprüft.

Über den Todesfall wird das Nachlaßgericht in der Regel von den Angehörigen informiert. Von Amts wegen ist sichergestellt, daß über das Standesamt des Todesortes über das Standesamt des Geburtsortes des Erblassers und über die dort befindliche Testamentskartei das Nachlaßgericht über den Todesfall und über amtlich verwahrte Testamente und Erbverträge informiert wird. Privat verwahrte Testamente müssen vom Besitzer unverzüglich nach dem Todesfall an das Nachlaßgericht abgeliefert werden (→ Ablieferung des Testaments).

Sobald das Nachlaßgericht vom Tode des Erblassers erfährt, hat es einen Termin zur Eröffnung der letztwilligen Verfügung zu bestimmen. Zu diesem Termin sollen die gesetzlichen → Erben oder die sonstigen Beteiligten, denen durch letztwillige Verfügung des Erblassers etwas zukommt oder deren Rechtslage durch die letztwillige Verfügung beeinflußt wird, geladen werden.

Sind die Beteiligten einverstanden oder erscheint die umgehende Testamentseröffnung nötig, kann vom Nachlaßgericht sofort ein Eröffnungstermin angesetzt werden. In diesem Termin ist das Testament zu öffnen, den Beteiligten, soweit sie erschienen sind, zu verkünden und ihnen auf Verlangen vorzulegen.

Über die Eröffnung ist eine Niederschrift anzufertigen. War das Testament verschlossen, ist im Protokoll festzuhalten, ob der Verschluß unversehrt war.

Rechtliches Interesse

Wer ein rechtliches Interesse glaubhaft macht, ist berechtigt, ein eröffnetes Testament einzusehen und eine Abschrift davon zu verlangen, wobei die Kopie auf Verlangen zu beglaubigen ist.

Tip

Die Beteiligten, die bei der Eröffnung des Testaments nicht zugegen waren, müssen vom Nachlaßgericht über den sie betreffenden Inhalt des Testaments informiert werden.

Testamentsgestaltung

Die gesetzlich garantierte → *Testierfreiheit* ermöglicht es, die Erbfolge durch → *Testamente* und → *Erbverträge* grundsätzlich nach Belieben **frei zu regeln**. Inhaltliche Schranken stellen lediglich die Pflichtteilsrechte und die guten Sitten dar.

Wichtigste Regelung in einem Testament oder einem Erbvertrag ist die Bestimmung, wer → *Erbe* sein soll. Geregelt werden kann auch der Fall, daß der vorgesehene Erbe die → *Erbschaft* nicht antreten kann (z. B. weil er vor dem Erblasser stirbt) oder die Erbschaft ausschlägt. Für diese Fälle ist es sinnvoll, einen → *Ersatzerben* zu bestimmen.

Eine Erbeinsetzung kann auch in der Weise vorgenommen werden, daß zuerst ein Vorerbe und für einen späteren Zeitpunkt ein → *Nacherbe* bestimmt wird.

Wenn ein nach der gesetzlichen Erbfolgeregelung als Erbe vorgesehener Angehöriger durch Testament oder Erbvertrag nicht als Erbe eingesetzt wird und er dadurch enterbt ist, können ihm Pflichtteilsansprüche (→ *Pflichtteil*) zustehen. Die Pflichtteilsrechte können nur bei besonders gravierenden Verfehlungen entzogen werden (→ *Pflichtteilsentziehung*).

Durch → *Vermächtnisse* kann der Testierende Vermögenswerte zuwenden, ohne den Begünstigten als Erben einzusetzen. Gegenüber der Erbeinsetzung hat die Vermächtnisanordnung für den Begünstigten den Vorteil, daß er nicht, wie der Erbe, für die Nachlaßverbindlichkeiten haftet. Ähnlich wie bei der Erbeinsetzung kann für den Fall, daß der mit dem Vermächtnis Bedachte aus irgendwelchen Gründen wegfällt, die Regelung getroffen werden, daß ein anderer das Vermächtnis erhält.

Der Testierende kann den Erben oder einen mit einem Vermächtnis Bedachten durch eine → *Auflage* auch zu einer Leistung verpflichten, ohne dem Begünstigten dadurch ein Recht auf die Leistung zuzubilligen.

Für die Verteilung des → *Nachlasses* bei mehreren Erben, die eine → *Erbengemeinschaft* bilden, kann der Testierende mit → *Teilungsanordnungen* Regelungen über die Aufteilung der Erbschaft und der einzelnen Erbschaftsgegenstände treffen oder die Auseinandersetzung hinsichtlich des ganzen Nachlasses oder einzelner Nachlaßgegenstände für einen bestimmten Zeitraum durch ein → *Teilungsverbot* untersagen.

> Zur Vollziehung des letzten Willens, insbesondere bei Auflagen, Vermächtnissen und → *Anordnungen* oder um die sachgerechte Verwaltung und Auseinandersetzung des Nachlasses zu gewährleisten, kann ein → *Testamentsvollstrecker* eingesetzt werden.

Gelegentlich kann es auch sinnvoll sein, eine erbrechtliche Zuwendung mit einer auflösenden Bedingung zu verknüpfen, um vom Erblasser nicht erwünschte Entwicklungen zu verhindern oder zu sanktionieren. Verbreitet sind → *Verwirkungs-*, → *Pflichtteils-*, oder → *Wiederverheiratungsklauseln*.

Tip — Widerruf
Zu prüfen ist aber auch, ob durch das neue Testament eine frühere Verfügung von Todes wegen widerrufen (→ *Widerruf*) wird oder abzuändern ist.

Der nachfolgenden **Checkliste** können die wichtigsten Regelungspunkte in einem Testament oder Erbvertrag, die jedoch keinesfalls immer alle berücksichtigt werden müssen, entnommen werden. Die Mustersammlung im Anhang kann als Vorlage für das eigene Testament dienen.

Nach Testamentserrichtung ist zu beachten, daß sich die maßgeblichen Umstände im Laufe der Jahre erheblich verändern können. Von Zeit zu Zeit ist deshalb eine Überprüfung und ggf. Anpassung der letztwilligen Verfügung an die veränderten Umstände erforderlich.

Checkliste: Testamentsgestaltung

Bei der Testamentsgestaltung sollte geklärt werden, ob folgende Punkte im Testament erforderlich und richtig und sinnvoll geregelt sind:

Regelungspunkte	Erläuterungen	Regelungen	
		erforderlich	nicht erforderlich
Widerruf oder Abänderung eines früheren Testaments	S. 167		
Erbeinsetzung	S. 113		
Ersatzerbeinsetzung	S. 121		
Quotenregelung	S. 113		
Enterbung	S. 110		
Berücksichtigung der Pflichtteilsansprüche	S. 146		
Pflichtteilsentziehung	S. 149		
Vermächtnis	S. 163		
Auflage	S. 90		
Teilungsanordnung	S. 155		
Teilungsverbot	S. 155		
Testamentsvollstreckung	S. 161		
Verwirkungsklausel	S. 165		
Wiederverheiratungsklausel	S. 168		

Testamentsvollstrecker

Zur Vollziehung des letzten Willens, insbesondere bei →*Auflagen*, →*Vermächtnissen* und →*Anordnungen* oder um die sachgerechte Verwaltung und Auseinandersetzung des →*Nachlasses* zu gewährleisten oder junge →*Erben* vor der Verschwendung des Nachlasses in jungen Jahren zu schützen, kann in →*Testamenten* und →*Erbverträgen* ein Testamentsvollstrecker benannt werden.

Durch die Einsetzung eines Testamentsvollstreckers wird den Erben die Verfügungsbefugnis über den Nachlaß entzogen und auf den Testamentsvollstrecker übertragen. Dieser ist zur ordnungsgemäßen Verwaltung des Nachlasses verpflichtet und in diesem Rahmen berechtigt, Verbindlichkeiten für den Nachlaß einzugehen.

Die **Aufgaben des Testamentsvollstreckers** ergeben sich aus den Anordnungen des Testierenden. Ohne ausdrückliche Bestimmung seiner Aufgaben ist der Testamentsvollstrecker zur Ausführung des letzten Willens des Testierenden verpflichtet. Er muß die Nachlaßverbindlichkeiten aus der Erbschaftsmasse ausgleichen und den Nachlaß unter mehreren Erben auseinandersetzen.

Die Ernennung im Testament oder Erbvertrag führt nicht dazu, daß der Testamentsvollstrecker automatisch mit dem →*Erbfall* sein Amt anzutreten hat. Da niemand gegen seinen Willen Testamentsvollstrecker werden muß, ist die ausdrückliche Annahme des Amtes erforderlich. Die Annahme oder die Ablehnung ist nach dem Erbfall gegenüber dem Nachlaßgericht schriftlich zu erklären. Mit der Annahme wird die Testamentsvollstreckung wirksam, die Verfügungsbefugnis über den Nachlaß geht auf den Testamentsvollstrecker über.

Testierfähigkeit

Die Testierfähigkeit ist die Befugnis, ein →*Testament* zu errichten, zu ändern oder aufzuheben. Sie beginnt mit Vollendung des 16. Lebensjahres. Minderjährige können ein Testament jedoch lediglich vor dem Notar durch mündliche Erklärung oder durch Übergabe einer offenen Schrift errichten.

Zum Abschluß eines → *Erbvertrages* ist unbeschränkte Geschäftsfähigkeit erforderlich, d. h. die Vertragspartner müssen volljährig sein. Schließen jedoch Ehepartner oder Verlobte einen Erbvertrag ab, sind sie dazu befugt, wenn die gesetzlichen Vertreter zustimmen, auch wenn sie noch nicht volljährig sind.

> Testierunfähig sind Personen, die wegen krankhafter Störung der Geistestätigkeit, Geistesschwäche oder Bewußtseinsstörungen nicht in der Lage sind, die Bedeutung der von ihnen abgegebenen Willenserklärungen einzusehen und nach dieser Einsicht zu handeln.

Testierfreiheit

Als Testierfreiheit wird die Befugnis des → *Erblassers* bezeichnet, seine Erbfolge durch → *letztwillige Verfügung* grundsätzlich nach Belieben frei zu regeln. Die Testierfreiheit kann durch vertragliche Vereinbarung weder beschränkt noch ausgeschlossen werden.

Wie jedes andere Freiheitsrecht auch, ist die Testierfreiheit jedoch nicht grenzenlos. Inhaltliche Schranken stellen die Pflichtteilsrechte (→ *Pflichtteil*) und die guten Sitten (→ *Sittenwidrigkeit*) dar.

Unterhalt

Unterhaltsansprüche von Verwandten in gerader Linie erlöschen mit dem Tode des Verpflichteten oder des Berechtigten, so daß sie grundsätzlich nicht von Verwandten auf die → *Erben* übergehen. Dies gilt allerdings nicht für rückständigen Unterhalt und für Schadenersatzansprüche wegen Nichterfüllung von Unterhaltsansprüchen in der Vergangenheit und für die im voraus zu erfüllenden Unterhaltspflichten, die zur Zeit des Todes des Verpflichteten oder des Berechtigten bereits fällig waren.

Der Unterhaltsanspruch eines geschiedenen Ehegatten geht mit dem Tode des Verpflichteten nicht unter. Er geht vielmehr auf den Erben als

Nachlaßverbindlichkeit über. Der Erbe haftet jedoch nicht über den Betrag hinaus, der dem → *Pflichtteil* entspricht, der dem geschiedenen Ehepartner zustünde, wenn die Ehe nicht geschieden worden wäre.

> Der Erbe ist verpflichtet, Familienangehörigen des → *Erblassers* in den ersten 30 Tagen nach dem Erbfall Unterhalt zu gewähren (→ *Dreißigster*). Ist zur Zeit des Erbfalls die Geburt eines Erben zu erwarten, steht der Mutter des Erben, wenn sie außer Stande ist, sich selbst zu unterhalten, bis zur Entbindung der Anspruch zu, aus dem → *Nachlaß* angemessenen Unterhalt zu erhalten.

Verfügung von Todes wegen

→ *Testamente* und → *Erbverträge*, mit denen ein → *Erblasser* eine Vermögensnachfolge nach seinem Tode regeln kann, werden vom Gesetz als Verfügung von Todes wegen bezeichnet.

Vermächtnis

Ohne Erbeinsetzung kann der → *Erblasser* einer Person einen Vermögensvorteil durch → *Testament* oder → *Erbvertrag* zuwenden. Dies erfolgt durch ein Vermächtnis.

Beispiel: Der Erblasser E setzt seine Ehefrau Gisela zur Alleinerbin ein. Seinem Bruder Hans vermacht er ein Klavier, seinem Bruder Heinrich ein Bankguthaben von DM 10.000,–.

Die durch das Vermächtnis Begünstigten werden mit dem → *Erbfall* nicht automatisch Eigentümer des zugewandten Gegenstandes oder Inhaber der Forderung oder des Rechtes. Eigentümer und Rechts- oder Forderungsinhaber wird vielmehr zunächst der → *Erbe*.

Tip

Vorteil des Vermächtnisnehmers
Gegenüber der Erbeinsetzung hat die Vermächtnisanordnung für den Begünstigten den Vorteil, daß er nicht, wie der Erbe, für die Verbindlichkeiten des Erblassers einzustehen hat.

Der Vermächtnisnehmer hat jedoch einen **schuldrechtlichen Anspruch** gegen den Erben auf Übereignung des Vermächtnisgegenstandes und auf Übertragung der Forderung oder des Rechtes. In dem Beispielsfall steht dem Bruder Hans danach ein Anspruch gegen die Ehefrau auf Übereignung des Klavieres zu, seinem Bruder Heinrich steht ein Anspruch gegen die Ehefrau zu auf Übertragung der Forderung aus dem Bankguthaben gegen die Bank.

Mit dem Vermächtnis kann der Testierende den Erben oder einen ebenfalls mit einem Vermächtnis Bedachten beschweren. Wenn im Testament keine Anordnung getroffen wurde, wer zur Erfüllung des Vermächtnisses verpflichtet ist, ist der Erbe mit dem Vermächtnis belastet und muß den Vermächtnisanspruch erfüllen.

Ähnlich wie bei der Erbeinsetzung kann für den Fall, daß der mit dem Vermächtnis Bedachte aus irgendwelchen Gründen wegfällt, die Regelung getroffen werden, daß ein anderer das Vermächtnis erhält (Ersatzvermächtnis).

> Als → *Vorausvermächtnis* wird ein Vermächtnis bezeichnet, mit dem einem der Erben neben seinem Erbteil ein zusätzlicher Vermögenswert zugewendet wird.

Vermächtnisnehmer

Als Vermächtnisnehmer wird derjenige bezeichnet, der durch ein → *Vermächtnis* begünstigt ist und dem der Vermächtnisanspruch zusteht.

Verwandte

Blutsverwandte sind je nach dem Grade der Verwandtschaft nach der gesetzlichen Erbfolgeregelung als gesetzliche Erben vorgesehen (→ *gesetzliche Erbfolge*).

Verwirkungsklausel

Für Testierende ist es häufig sinnvoll, eine Zuwendung mit einer auflösenden Bedingung zu versehen, um nicht erwünschte zukünftige Entwicklungen oder Handlungsweisen zu verhindern. In Betracht kommen dabei vor allem Anfechtungs-, → *Pflichtteils-* und → *Wiederverheiratungsklauseln.*

Mit der **Anfechtungsklausel** (z. B. wer mein Testament anficht, erhält nur den Pflichtteil) soll verhindert werden, daß der Wille des Testierenden nachträglich wegen einer Testamentsanfechtung nicht zur Geltung kommt. Dabei ist allerdings zu berücksichtigen, daß eine begründete → *Anfechtung* mit dem → *Testament* auch die Anfechtungsklausel zu Fall bringt und deshalb nur vor Anfechtungen abschrecken kann, wenn die Begründetheit der Anfechtung zumindest zweifelhaft ist.

> Der Testierende muß deshalb darauf achten, Anfechtungsgründe nicht entstehen zu lassen.

Vollmacht

→ *Bankvollmacht*

Voraus

Um dem überlebenden Ehegatten die Fortsetzung seines bisherigen Haushalts mit den vertrauten Gegenständen zu ermöglichen, erhält er bei → *gesetzlicher Erbfolge* neben → *Verwandten* der zweiten Ordnung oder neben Großeltern die zum ehelichen Haushalt gehörenden Gegenstände, soweit sie nicht Zubehör eines Grundstücks sind, und die Hochzeitsgeschenke als sog. **Voraus**. Neben Verwandten der ersten Ordnung stehen ihm diese Gegenstände zu, wenn er sie zur Führung eines angemessenen Haushalts benötigt, was die Regel sein dürfte.

Diese Vorausregelung gilt allerdings nur, wenn der Ehegatte gesetzlicher Erbe wird. Wird er hingegen durch → *Testament* oder durch → *Erbver-*

trag zum → *Erben* mit einer bestimmten Quote eingesetzt, gilt diese Vorausregelung nicht.

Vorausvermächtnis

Als Vorausvermächtnis wird ein → *Vermächtnis* bezeichnet, mit dem einem der → *Erben* neben seinem Erbteil ein zusätzlicher Vermögenswert zugewandt wird. Dieser Vermögenswert wird auf den Erbteil des mit dem Vermächtnis Begünstigten nicht angerechnet. Der Begünstigte erhält den vermachten Gegenstand vorab und die verbleibende Erbmasse wird dann unter den Erben entsprechend der Erbquote aufgeteilt.

Vorerbe

→ *Vor- und Nacherbschaft*

Vor- und Nacherbschaft

Eine Erbeinsetzung kann in der Weise vorgenommen werden, daß zuerst ein Vorerbe und für einen späteren Zeitpunkt ein → *Nacherbe* für den → *Nachlaß* bestimmt wird.

Vorerben und Nacherben sind jeweils → *Erben* des → *Erblassers*, wobei der Nacherbe die Erbschaft zu einem späteren Zeitpunkt erhält.

> Die **Vorerbschaft** kann für die Lebenszeit des Vorerben, für einen gewissen Zeitraum (z. B. 10 Jahre) oder bis zum Eintritt einer Bedingung (z. B. Wiederheirat) bestimmt werden. Der Vorerbe ist Inhaber und Eigentümer des Nachlasses und zu Nutzungen berechtigt. In der Verfügungsbefugnis über die Nachlaßgegenstände ist er zum Schutze des Nacherben allerdings beschränkt.

Unentgeltliche Verfügungen und Verfügungen über Grundstücke und Grundstücksrechte (z. B. Hypotheken und Grundschulden) sind nur mit Einwilligung des Nacherben möglich. Der Erblasser kann allerdings bestimmen, daß der Vorerbe von Beschränkungen befreit wird oder noch weitergehenden Beschränkungen unterworfen wird.

Eine Befreiung von dem Verbot, über Erbschaftsgegenstände unentgeltlich zu verfügen oder sie zu verschenken, kann allerdings nicht erteilt werden. Davon unberührt bleiben jedoch Schenkungen, durch die einer sittlichen Pflicht oder einer auf den Anstand zu nehmenden Rücksicht entsprochen wird. Solche Schenkungen kann jeder Vorerbe machen.

Vorweggenommene Erbfolge

Als vorweggenommene Erbfolge wird die Übertragung von Vermögenswerten zu Lebzeiten des → *Erblassers* auf die → *Erben* bezeichnet.

Vorzeitiger Erbausgleich

→ *Nichteheliches Kind*

Widerruf

→ *Testamente* können grundsätzlich vom Testierenden jederzeit frei widerrufen, abgeändert oder aufgehoben werden. Der Widerruf kann dabei durch ein neues Testament oder durch Vernichtung des alten oder durch Vornahme von Veränderungen an dem alten, die den Willen der Aufhebung ausdrücken, erfolgen.

Öffentliche Testamente gelten als widerrufen, wenn der Testierende das in amtliche Verwahrung genommene Testament zurückverlangt. Bei Errichtung eines neuen Testaments wird ein früheres insoweit abgeändert und aufgehoben, als es dem neuen widerspricht.

> Bei → *gemeinschaftlichen Testamenten* besteht jedoch die Besonderheit, daß die getroffenen Verfügungen nicht von einem Ehepartner beliebig widerrufen oder abgeändert werden können.

Wiederverheiratungsklausel

Häufig wird in → *Testamenten*, insbesondere in wechselbezüglichen Ehegattentestamenten und in → *Erbverträgen*, eine sog. Wiederverheiratungsklausel aufgenommen, mit der Regelungen für den Fall der Wiederverheiratung des Überlebenden getroffen werden. Damit können Zuwendungen an den Ehegatten bei Wiederverheiratung ganz oder teilweise widerrufen werden, um stattdessen beispielsweise Kinder des → *Erblassers* einzusetzen und dadurch das Familienvermögen auf die Kinder zu übertragen.

Zugewinngemeinschaft

→ *Ehegattenerbrecht*, → *Ehegattenfreibetrag bei Zugewinngemeinschaft*

Gesamtstichwortzeichnis

Abkömmlinge 29, 41, 81, 126
Adoptierte Kinder 81
Adoption 82
Alleinerbe 82
Amtliche Verwahrung 8, 26, 81 f.
Amtsgericht 82, 137
Anfechtung 84, 118
-klausel 165
Annahme der Erbschaft 9, 86, 130
Anordnungen 33, 87
Anrechnung 87
Aufgebotsverfahren 89, 130, 133
Aufhebung von Testamenten 26
Auflagen 10, 38, 90, 123
Auseinandersetzung 8, 79, 91, 93
Ausbildung 43
Ausgleichspflicht 96, 97
Ausgleichung 93, 97
Ausgleichszahlungen 79
Auskunftsanspruch 94
Ausländer 137
Auslegung des Testaments 38, 95, 111
Ausschlagung 9, 86, 113
Ausstattung 88, 93, 96 f.
Aussteuer 97

Bankkonto 97
Bankvollmacht 98
Beerdigung 99
Bedingung 98
Beurkundung, notarielle 152
Berliner Testament 50 f., 100
Betriebsvermögen 78 f.
Bürgermeistertestament 101, 144

Checklisten
– Ehegattentestament 24 ff., 108, 125
– Einzeltestament 24

DDR, ehemalige, 101, 124
Depot 103
Dreimonatseinrede 103, 130
Dreizeugentestament 104, 144, 145
Dürftigkeitseinrede 104, 131, 138, 140

Ehefrau 41
Ehegatte 8, 41, 30
Ehegattenerbrecht 105
Ehegattenfreibetrag 76 f. 107

Ehegattentestament 19, 25 ff., 108, 123, 153, 156
Ehepartner 126
Ehevertrag 108
Eigenhändiges Testament 23, 25, 109, 123
Eigentumswohnung 74
Einfamilienhaus 74
Einkommensteuer 79
Einzelhandelsgeschäfte 131
Einzeltestament 19, 24, 48, 156
Eltern 31, 41
Enkelkinder 29, 81
Enterbung 37, 110, 146
Entziehung 149
Erbauseinandersetzung 14
Erbausgleich, vorzeitiger 167
Erbe 7, 82, 112
Erbeinsetzung 33, 113, 123
Erben 7, 8, 94, 126
– gesetzliche 29
Erbengemeinschaft 46, 79, 91, 113
Erbenhaftung 115
Erbersatzanspruch 116
Erbfall 42, 116
Erbfolge, gesetzliche, 8, 18, 28, 126
Erbfolgeregelung 17
Erbgestaltung 33, 45
– vorweggenommene 121, 167
Erblasser 7, 8, 28, 116
Erbregelung 17, 28,
Erbschaft 7, 9, 116
-annahme 9, 86, 130
-anspruch 116
-besitzer 116
-inventarverzeichnis 16
-steuer 117
-steuerrecht 7, 18, 74, 76
Erbschein 10, 117, 137
Erbteil
-quoten 34, 46, 47, 117
-Stamm- 29
Erbunwürdigkeit 118
Erbvertrag 7, 8, 18, 21, 27 f., 44, 66 ff, 85, 102, 119, 124
Erbverzicht 21, 120
Ergänzung 147
Ersatzerbe 34, 121
Erschöpfungseinrede 122
Ertragswert/-verfahren 74

Stichwortverzeichnis

Fabrikgebäude 75
Familienbesitz 49
Finanzamt 10
Formerfordernisse 23 ff.
Freibeträge 76 f.
Freunde 47

Geliebtentestament 40, 122, 154
Gemeinschaftliches Testament 20 f., 24, 26 f., 48, 102, 123, 151, 153, 156, 167
Gesamtrechtsnachfolge 112, 125
Gesamtschuldner 133
Geschäftsfähigkeit 125
Geschwister 31
gesetzliche Erben/Erbfolge 8, 18, 28 f.
Gewerbeobjekte 74
Gläubiger 133
Großeltern 31
Grundbesitz 10
Grundstücke 74, 75
Gütergemeinschaft 32 f., 105, 129
Güterstand 30, 105, 108, 129
Gütertrennung 31 f., 105, 129 f.
gute Sitten 40

Haftung 9
– des Erben 130, 140
– der Miterben 133
Haus 75
Hausrat 77
Herausgabeanspruch 10
Hinterlegung 10
-schein 83, 156

Inventar 134

Kind, nichteheliches, 141
Kinder 29, 41, 81
Kindeskinder 41
Kommanditgesellschaft 131
Konto 97

Lebenspartner, nichtehel. 47, 72, 141
Lebensversicherung 135
Lebenswandel 43, 149
letztwillige Verfügung 81, 135

Marktwert 75
Mietwohnung 74
Minderjähriger 22
Mißhandlung 43, 149
Miterben 7, 8, 133, 136

Muster:
– Erbauseinandersetzung 14
– Erbschaftsinventarverzeichnis 16
– Erbschein 10,
 -antrag 11
– Erbvertrag 66
– Nachlaß-
 -verwaltung 13
 -verzeichnis 16
Mustertestamente:
– eigenhändiges 24
– für Alleinstehende 52, 55
– für Eheleute mit Kinder 56 ff.
– für Eheleute ohne Kinder 53 ff.
– für nichtehel. Lebenspartner 61, 72
– für Unternehmer 64
– gemeinschaftliches 25

Nacherben 46, 49, 94, 136
Nacherbschaft 35, 166
Nachkommen 29, 81
Nachlaß 7 f., 91, 130, 136
-auseinandersetzung 115
-gericht 8 f., 10, 13, 81, 117, 134, 137, 138, 140, 157
-gläubiger 9, 89, 103, 130, 137
-konkurs 104, 138
-pfleger 9
-pflegschaft 138
-schulden 8 f., 89
-verbindlichkeiten 9, 89, 91, 103, 133, 139 f.
-vergleich 139
-verzeichnis 9 f.
-verwaltung 9, 104, 131, 137,140
nichteheliches Kind 141
nichteheliche Lebenspartner 47, 72, 141
Nichtigkeit 123
Nießbrauchrechte 75
Notar 21, 24, 48, 82, 119, 134
notarialle Beurkundung 152
notarielles Testament 143, 156
Nottestament 83, 144

Oder-Konto 97
Öffentliches Testament 26, 146, 167, 156
Offene Handelsgesellschaft 131
Onkel 31
Ordnungen 29, 126

Parentelsystem 126
Patiententestament 146

Stichwortverzeichnis

Pflichtteil 10, 15, 18, 48, 50, 82, 94, 110, 146
-beschränkung 148
-ergänzungsanspruch 150
-klausel 45, 50, 151
-anspruch 41, 50, 82
-entziehung 37, 42 , 44, 149
-recht 7, 41
-restanspruch 152
-verzicht 21, 120, 152
– Zusatz- 42
privatschriftliches Testament 19, 109 152
Privattestament 109

Renten 75

Scheidung 124, 153
Schenkung 42, 44, 74, 76, 87, 147, 150, 153
Schlußerbe 154
Seetestament 144, 154
Sicherung 9
Sitten, gute, 40
Sittenwidrig 40, 122
Sohn 29, 41
Staat 8
Stammbaum 30
Stammerbteil 29
Steuer
-befreiung 76, 77
-freibetrag 74, 76, 107
-klasse 74 ff.
-tarif 78

Tanten 31
Teilungsanordnung 39, 115, 155
Teilungsverbot 39, 155
Testament 7 f., 18 f., 22 f., 26 ff. 81 f., 95, 102, 109, 123, 135, 144, 156
-ablieferung 81
-änderung 26
-anfechtung 84
-aufhebung 26
-eröffnung 9, 137, 156
-formen/-erfordernisse 23 ff.
-gestaltung 19, 45, 158
-inhaltsirrtum 84
-motivirrtum 84
-muster 24, 25, 52, 53 ff.
-verwahrung 137
-vollstrecker 10, 37, 94, 115, 161
-widerruf 20, 26, 156

– für Alleingesellschafter 65
– für Alleinstehende 52
– für Eheleute mit Kinder 56
– für Eheleute ohne Kinder 53
– für Freiberufler 65
– für nichteheliche Lebenspartner 61
– Berliner- 50 f.
– Bürgermeister- 144
– Dreizeugen- 104, 144 f.
– Ehegatten- 19 f., 25 ff., 108 f., 123, 153, 156
– eigenhändiges 19, 23, 25, 109, 123
– Einzel- 19, 23 f., 48, 156
– Geliebten- 40, 122, 154
– gemeinschaftliches 20 f., 24, 26 f., 48, 102, 123, 151, 153, 156, 167
– Not- 83, 144
– notarielles 143, 156
– öffentliches 23, 26, 146, 156, 167
– Patienten- 146
– Privat-/privatschriftliches 19, 21, 109, 152
– See- 144 f.
– Unternehmer- 64
Testierfähigkeit 22, 40 f., 85, 129, 158, 161
Testierfreiheit 162
Tochter 29, 41

Überschuldung 9
Und-Konto 97
Universalsukzession 112
Unterhalt 162
-pflichtverletzung 149
Unternehmertestament 64
Urenkel 81

Verbindlichkeiten 8, 130
Verbrechen 43,
Vererben 7, 17
Verfehlungen 149
Verfügungen 7, 20 f., 26 f., 42, 81, 156, 163
– vertragsmäßige 27
– wechselbezügliche 20, 26, 123
Vergehen 43, 149
Vergleichsverfahren 138
Verjährung 50, 147
Vermächtnis 9 f., 34, 46, 123, 163
-nehmer 164
Vermögen 8
Versorgungsfreibetrag 77

171

Stichwortverzeichnis

Vertrauensschutz 20
Verwahrung 8,
Verwaltung 8, 9, 114
Verwandten 8, 47, 164
-erbfolgeregelung 29
Verwirkungsklausel 39, 99, 165
Vollmacht 97, 165
Vorausvermächtnis 166
Vorerben 46, 49, 166
Vorerbschaft 35, 166

Widerruf 20, 26, 48, 123, 159, 167
Wiederverheiratung 50, 98,
-klausel 40, 168
Wohnung 75

Zugewinngemeinschaft 31 f., 48, 50, 105, 107 f., 168
Zusatzpflichtteil 42
Zweifamilienhaus 74

WRS-Ratgeber: immer bestens informiert

WRS Bestseller

Nachbarrecht
von Hans-Albert Wegner,
122 Seiten, Broschur
Bestell-Nr. 46.31

19,80 DM

Mieter-Ratgeber
von RAe Joh.-Chr. Weber
und Hans-Dieter Marx,
158 Seiten, Broschur
Bestell-Nr. 46.36

24,80 DM

Vermieter-Ratgeber
von RAe Joh.-Chr. Weber
und Hans-Dieter Marx,
126 Seiten, Broschur
Bestell-Nr. 46.33

24,80 DM

Immobilienerwerb leicht gemacht
von Bernd Röger,
125 Seiten, Broschur
Bestell-Nr. 46.47

24,80 DM

Die solide Baufinanzierung
von Bernd Röger,
120 Seiten, Broschur
Bestell-Nr. 46.35

24,80 DM

 wrs | Verlag   WRS-Ratgeber erhalten Sie in Ihrer Buchhandlung oder direkt beim Verlag

WRS-Steuer-Ratgeber: immer bestens informiert

WRS Steuer-Bestseller

Erben, vererben und das Finanzamt
von Bernhard Paus
116 Seiten, Broschur
Bestell-Nr. 36.19

24,80 DM

Haus und Finanzamt
von Reinhard Schnell
152 Seiten, Broschur
Bestell-Nr. 36.04

24,80 DM

Auto, Reisekosten und das Finanzamt
von Peter Lentschig
und Günter Maus
165 Seiten, Broschur
Bestell-Nr. 36.30

24,80 DM

Vermögen optimal übertragen
von Bernhard Paus und
RA Johann-Christian Weber
136 Seiten, Broschur
Bestell-Nr. 36.24

24,80 DM

Privatausgaben steuerlich absetzen
von Gerd Feldmeier
150 Seiten, Broschur
Bestell-Nr. 36.29

24,80 DM

 Verlag   WRS-Ratgeber erhalten Sie in Ihrer Buchhandlung oder direkt beim Verlag

Micha Brumlik (Hrsg.)
Ab nach Sibirien?

Micha Brumlik (Hrsg.)

Ab nach Sibirien?

Wie gefährlich ist unsere Jugend?

Mit Beiträgen von
S. Karin Amos, Dirk Baier, Micha Brumlik,
Hajo Funke, Joachim Kersten, Claus Koch,
Nina Oelkers, Hans-Uwe Otto, Christian Pfeiffer,
Mark Schrödter, Joachim Walter, Holger Ziegler

Das Werk und seine Teile sind urheberrechtlich geschützt. Jede Nutzung in anderen als den gesetzlich zugelassenen Fällen bedarf der vorherigen schriftlichen Einwilligung des Verlages. Hinweis zu § 52 a UrhG: Weder das Werk noch seine Teile dürfen ohne eine solche Einwilligung eingescannt und in ein Netzwerk eingestellt werden. Dies gilt auch für Intranets von Schulen und sonstigen Bildungseinrichtungen.

www.beltz.de

© 2008 Beltz Verlag • Weinheim und Basel
Umschlaggestaltung: Federico Luci, Odenthal
Satz: WMTP GmbH, Birkenau
Druck und Bindung: Druck Partner Rübelmann, Hemsbach
Printed in Germany

ISBN 978-3-407-85873-3